海上絲綢之路基本文獻叢書

粵閩巡視紀略·粵略（二）

〔清〕杜臻 撰

文物出版社

圖書在版編目（CIP）數據

粵閩巡視紀略．粵略．二／（清）杜臻撰．-- 北京：文物出版社，2022.7
（海上絲綢之路基本文獻叢書）
ISBN 978-7-5010-7666-6

Ⅰ．①粵… Ⅱ．①杜… Ⅲ．①海疆－歷史－廣東－清代 Ⅳ．①K928.19

中國版本圖書館 CIP 數據核字（2022）第 087172 號

海上絲綢之路基本文獻叢書

粵閩巡視紀略・粵略（二）

撰　　者：〔清〕杜臻
策　　劃：盛世博閱（北京）文化有限責任公司

封面設計：鞏榮彪
責任編輯：劉永海
責任印製：張道奇

出版發行：文物出版社
社　　址：北京市東城區東直門内北小街 2 號樓
郵　　編：100007
網　　址：http://www.wenwu.com
經　　銷：新華書店
印　　刷：北京旺都印務有限公司
開　　本：787mm×1092mm　1/16
印　　張：15.375
版　　次：2022 年 7 月第 1 版
印　　次：2022 年 7 月第 1 次印刷
書　　號：ISBN 978-7-5010-7666-6
定　　價：98.00 圓

總緒

海上絲綢之路，一般意義上是指從秦漢至鴉片戰争前中國與世界進行政治、經濟、文化交流的海上通道，主要分爲經由黄海、東海的海路最終抵達日本列島及朝鮮半島的東海航綫和以徐聞、合浦、廣州、泉州爲起點通往東南亞及印度洋地區的南海航綫。

在中國古代文獻中，最早、最詳細記載『海上絲綢之路』航綫的是東漢班固的《漢書·地理志》，詳細記載了西漢黄門譯長率領應募者入海『齎黄金雜繒而往』之事，書中所出現的地理記載與東南亞地區相關，并與實際的地理狀況基本相符。

東漢後，中國進入魏晉南北朝長達三百多年的分裂割據時期，絲路上的交往也走向低谷。這一時期的絲路交往，以法顯的西行最爲著名。法顯作爲從陸路西行到印度，再由海路回國的第一人，根據親身經歷所寫的《佛國記》（又稱《法顯傳》）一書，詳細介紹了古代中亞和印度、巴基斯坦、斯里蘭卡等地的歷史及風土人情，是瞭解和研究海陸絲綢之路的珍貴歷史資料。

隨着隋唐的統一，中國經濟重心的南移，中國與西方交通以海路爲主，海上絲綢之路進入大發展時期。廣州成爲唐朝最大的海外貿易中心，朝廷設立市舶司，專門管理海外貿易。唐代著名的地理學家賈耽（七三〇～八〇五年）的《皇華四達記》記載了從廣州通往阿拉伯地區的海上交通『廣州通夷道』，詳述了從廣州港出發，經越南、馬來半島、蘇門答臘半島至印度、錫蘭，直至波斯灣沿岸各國的航綫及沿途地區的方位、名稱、島礁、山川、民俗等。譯經大師義净西行求法，將沿途見聞寫成著作《大唐西域求法高僧傳》，詳細記載了海上絲綢之路的發展變化，是我們瞭解絲綢之路不可多得的第一手資料。

宋代的造船技術和航海技術顯著提高，指南針廣泛應用於航海，中國商船的遠航能力大大提升。北宋徐兢的《宣和奉使高麗圖經》詳細記述了船舶製造、海洋地理和往來航綫，是研究宋代海外交通史、中朝友好關係史、中朝經濟文化交流史的重要文獻。南宋趙汝適《諸蕃志》記載，南海有五十三個國家和地區與南宋通商貿易，形成了通往日本、高麗、東南亞、印度、波斯、阿拉伯等地的『海上絲綢之路』。宋代爲了加强商貿往來，於北宋神宗元豐三年（一〇八〇年）頒佈了中國歷史上第一部海洋貿易管理條例《廣州市舶條法》，并稱爲宋代貿易管理的制度範本。

元朝在經濟上採用重商主義政策，鼓勵海外貿易，中國與歐洲的聯繫與交往非常頻繁，其中馬可·波羅、伊本·白圖泰等歐洲旅行家來到中國，留下了大量的旅行記，記録元代海上絲綢之路的盛况。元代的汪大淵兩次出海，撰寫出《島夷志略》一書，記録了二百多個國名和地名，其中不少首次見於中國著録，涉及的地理範圍東至菲律賓群島，西至非洲。這些都反映了元朝時中西經濟文化交流的豐富内容。

明、清政府先後多次實施海禁政策，海上絲綢之路的貿易逐漸衰落。但是從明永樂三年至明宣德八年的二十八年裏，鄭和率船隊七下西洋，先後到達的國家多達三十多個，在進行經貿交流的同時，也極大地促進了中外文化的交流，這些都詳見於《西洋蕃國志》《星槎勝覽》《瀛涯勝覽》等典籍中。

關於海上絲綢之路的文獻記述，除上述官員、學者、求法或傳教高僧以及旅行者的著作外，自《漢書》之後，歷代正史大都列有《地理志》《四夷傳》《西域傳》《外國傳》《蠻夷傳》《屬國傳》等篇章，加上唐宋以來衆多的典制類文獻、地方史志文獻，集中反映了歷代王朝對於周邊部族、政權以及西方世界的認識，都是關於海上絲綢之路的原始史料性文獻。

海上絲綢之路概念的形成，經歷了一個演變的過程。十九世紀七十年代德國地理學家費迪南・馮・李希霍芬（Ferdinad Von Richthofen，一八三三～一九〇五），在其《中國：親身旅行和研究成果》第三卷中首次把輸出中國絲綢的東西陸路稱爲『絲綢之路』。有『歐洲漢學泰斗』之稱的法國漢學家沙畹（Édouard Chavannes，一八六五～一九一八），在其一九〇三年著作的《西突厥史料》中提出『絲路有海陸兩道』，蘊涵了海上絲綢之路最初提法。迄今發現最早正式提出『海上絲綢之路』一詞的是日本考古學家三杉隆敏，他在一九六七年出版《中國瓷器之旅：探索海上的絲綢之路》中首次使用『海上絲綢之路』一詞；一九七九年三杉隆敏又出版了《海上絲綢之路》一書，其立意和出發點局限在東西方之間的陶瓷貿易與交流史。

二十世紀八十年代以來，在海外交通史研究中，『海上絲綢之路』一詞逐漸成爲中外學術界廣泛接受的概念。根據姚楠等人研究，饒宗頤先生是華人中最早提出『海上絲綢之路』的人，他的《海道之絲路與昆侖舶》正式提出『海上絲路』的稱謂。選堂先生評價海上絲綢之路是外交、貿易和文化交流作用的通道。此後，大陸學者馮蔚然在一九七八年編寫的《航運史話》中，使用『海上絲綢之路』一詞，這是迄今學界查到的中國大陸最早使用『海上絲綢之路』的人，更多地限於航海活動領域的考察。一九八〇年北京大學陳炎教授提出『海上絲綢之路』研究，并於一九八一年發表《略論海上絲綢之路》一文。他對海上絲綢之路的理解超越以往，且帶有濃厚的愛國主義思想。陳炎教授之後，從事研究海上絲綢之路的學者越來越多，尤其沿海港口城市向聯合國申請海上絲綢之路非物質文化遺産活動，將海上絲綢之路研究推向新高潮。另外，國家把建設『絲綢之路經濟帶』和『二十一世紀海上絲綢之路』作爲對外發展方針，將這一學術課題提升爲國家願景的高度，使海上絲綢之路形成超越學術進入政經層面的熱潮。

與海上絲綢之路學的萬千氣象相對應，海上絲綢之路文獻的整理工作仍顯滯後，遠遠跟不上突飛猛進的研究進展。二〇一八年厦門大學、中山大學等單位聯合發起『海上絲綢之路文獻集成』專案，尚在醖釀當中。我們不揣淺陋，深入調查，廣泛搜集，將有關海上絲綢之路的原始史料文獻和研究文獻，分爲風俗物産、雜史筆記、海防海事、典章檔案等六個類别，彙編成《海上絲綢之路歷史文化叢書》，於二〇二〇年影印出版。此輯面市以來，深受各大圖書館及相關研究者好評。爲讓更多的讀者親近古籍文獻，我們遴選出前編中的菁華，彙編成《海上絲綢之路基本文獻叢書》，以單行本影印出版，以饗讀者，以期爲讀者展現出一幅幅中外經濟文化交流的精美畫卷，爲海上絲綢之路的研究提供歷史借鑒，爲『二十一世紀海上絲綢之路』倡議構想的實踐做好歷史的詮釋和注脚，從而達到『以史爲鑒』『古爲今用』的目的。

凡例

一、本編注重史料的珍稀性，從《海上絲綢之路歷史文化叢書》中遴選出菁華，擬出版百册單行本。

二、本編所選之文獻，其編纂的年代下限至一九四九年。

三、本編排序無嚴格定式，所選之文獻篇幅以二百餘頁爲宜，以便讀者閱讀使用。

四、本編所選文獻，每種前皆注明版本、著者。

五、本編文獻皆爲影印，原始文本掃描之後經過修復處理，仍存原式，少數文獻由於原始底本欠佳，略有模糊之處，不影響閱讀使用。

六、本編原始底本非一時一地之出版物，原書裝幀、開本多有不同，本書彙編之後，統一爲十六開右翻本。

目録

粤閩巡視紀略·粤略（二）

粤閩巡視紀略·粤略（二）

粵閩巡視紀略·粵略（二）

粵卷中至粵卷下

〔清〕杜臻 撰

清康熙經緯堂刻本

粤閩巡視紀略

經筵講官工部尚書臣杜臻述

己酉復至遂溪

庚戌行五十里至銅鼓又五十里止唐埃

辛亥行五十里至梅菉鎮閱限門

梅菉鎮南距吳川二十里四面皆水螺旋以入海南商船多集於此居民數千家省會之通衢也萬曆間議設海防同知駐梅菉

高州府領一州五縣四縣並海石城距西海已見前吳川茂名電白皆距東海而茂名附郭元年畫界自蘇斜渡歷新塲村吳村乾塘村木灰村嶺上村過限口河茳芋村吳川縣治東海村橫山村調列村至博茂村爲吳川邊邊界以外距海二十里者爲下吳村及附海南寨村等廣州灣青訓村麻練村木冐村特呈村暨新溝村鳳輋田頭黃村木歷村地聚村硇洲俱移并續遷共豁田地七百一十七頃有奇于限口諸處囚界設守展界稍復今從吳川

營撥守蘇斜諸汛蘇斜把總一兵四十名博立臺十五名茂暉臺十五名限門港東西烟墩十名岐山臺十名文筆嶺五名東海臺五名 侯閱定

限門在吳川邑南三十里納三川之水入于海三川者一吳川二陵水三羅水吳川源出鑑江陵水源出廣西北流縣扶來山下羅水出北流縣峩石下二水合于化州又會吳川于合江渡吳川縣西一百十里有羅州故址宋檀道濟所置也三江合流過縣西復分三川旋繞縣南復

合爲一至限門入海水道曲阨值潮退沙磧淺露或潮滿風急舟楫多阻故名李元暢有限門賦畧云吳川濱海而縣其南三十里有限門焉納鑑江零洞潭峩諸水放于海門廣盈丈夾磧對峙如虎牙錯淺流中逶迤而入即瞿塘之險不是過每風濤搏激其響如輕雷聞百里瓊雷硇洲僅隔一衣帶水風勁可一瞬杭之海上有故此門設半旅可當劍閣一夫也商船至非購

篙師定檣烏不敢入稍失道觸淺流中夾磧舟立爪碎亦海濱之雄鎮也賦曰登文翁之崔嵬望南溟其一杯疑巨靈之擘石賭重門之洞開納三川之積水轟萬古之奔雷挺螺峰以成戟斷鰲極以爲棖限天險以南北通潮汐以往來其爲狀也斷磧横絶如環半鈌對錯猛牙雙流積鐵含形内虚盤紆曲折陰雲結駟以長驅高浪翻車而無轍或命大鰌而建羽旗或吐螮虹

而安綽楔云云

解縉過吳川詩云吳川望海水冥冥萬斛龍驤
一羽輕沙磧煮鹽疑皓月潮痕遺貝麗繁星硐
洲夜露金銀氣神電晴嵐鸛鶴鳴玉節南來天
北極安邊歸頌海波平

寧川所在邑治

文筆嶺在邑西南七十里一名特思山其山雲
起即雨邑人特思而望之故名有唐刺史馮士

翽墓

特呈山在邑南六十里其北有茂暉塲山形秀聳海中因名城南河畔有極浦亭宋李夌雲隱處宋亡後丞相陳宜中走占城過此賦詩云顛風急雨過吳川極浦亭前望遠天有路可通環島外無山堪拉首陽巔嶺雲起際潮初長海月高時人未賍異日北歸須記取平蕪盡處一峯

圖

出限門一百五十里有硇洲長七十里廣十里硇字土人讀曰撓宋史作硇洲屹立海中當南北道乃雷化犬牙處宋景炎三年端宗避元次此而崩羣臣欲散陸秀夫曰度宗皇帝一子尚在安置此遂與張世傑復立衞王昺爲皇帝年八歲塡海錄云是日午登壇畢還宮御輦所向有龍拏空而上身首角目俱全曁入室雲陰不見因改元爲祥興升硇洲爲翔龍縣有上北村

下北村中村南村遷界俱移今未復
南山渡亦島名在硇洲西北五六里長三十里
廣七八里
自博茂村歷老鴉埇村凼金村楊梅村碌硒村至王村爲
茂名邊邊界以外附海八九里至二三里龍秋
那泥村調到村廣潭村牛騎屆村流架村
諸村梅樓村那碌村東八村海頭上下村潘村
鳴鼓埇尾排山莊給譚芐條突村條寅村馮村
吉兆村東山村壯酒村橫埇村下楊梅村潭八
村那水村乙勉村籙茅村張要村那餘村鹿嬌
村北千村平河村譚畢村柳雄村白石村羅村

英蕎村小那碌村　俱移并續遷共豁田地肆拾
譚杆村譚進村
頃有奇因界設守展界稍復今從高雷總兵營
撥守博茂諸汛博茂三十三名東港五名譚衢五名那碌四十名鹿嫡五名西河五名候閱定

博茂村以錢博潘茂名二人合取之先是有道
士潘茂名者功成上昇因以名縣貞觀中改潘
州道士嘗入山遇二人奕道士顧謂之曰子亦
識此乎曰入猶蛇賓出似雁行道士笑可其說

因授以服黃精之法縣南二里有茂嶺亦以此名南越志漢末建安十六年衡毅錢博拒步騭于高要縣毅投水死博與其屬亡于高凉呂岱爲刺史博因請降遂以爲高凉都尉高凉置郡始此邑之鄉名有上博下博

嶺表錄異云鹿子魚有鹿斑赤黃色羅州圖南海有洲每春夏此魚躍出洲化而爲鹿曾有人拾得一魚頭已化鹿尾猶是魚南人云魚化爲

鹿魚腥不可食

壬子行六十里至沙苑又六十里過蠶塲又三十里夾樹再

癸丑行二十里過雷白縣逺城折而西南行十里至海邊登白蕉墩山特高聳望大洋天水相涌無復涯矣漁舟出沒隱見如烟中蘀竝海多鹽田雪練皎皎蓮頭放鷄諸山簪列螺浮蒼翠可攬蓮頭港口在縣南三十里水行止十里由此迤西有博

賀臺去縣三十里水行止二十里又西有赤水港去縣六十里水行止三十里又西有流水臺去縣九十里水行百里又西有河尸臺去縣三十五里水行五十里此電白之東南境也赤水蓮頭山後三港俱可泊舟

元年畫界自王村歷沙苑墟那花嶺那盧村水東村彭村上下陳村紅花尾山麻洞村平嵐山白蕉山電白縣治樹仔村孔雀村菉豆山那桴山麻絲村平藍村下藍村至長山爲電白邊邊界以外距海十里者

馬鮫頭村白蕉村附海八九里至二三里山後村等菜豆村新村上前村藍村佛堂村赤山村蓮頭村博賀村那尾村新溝南北村橫山村巷口村大中小紅花村王村蛋塲村老蔡村上山兜村下李村王村仔下山兜村迷村張耀村下寮村聳岳村新坡村下埠村瞎鏡村迷勒村下潘村海頭村巽村沙沙村聳村大園村俱移并續遷共豁田地一百二十六頃有奇于山後河口諸汛因界設守展界稍復今從電白營撥守流水諸汛流水九名南海把總一兵二十八名赤水臺九名沙尾九名山後臺十四名山後把總一兵三十七名河口臺十名侯閲定

電白縣治卽神電衞城也洪武二十七年都指
揮花茂築土城永樂七年甃以磚周一千一百
丈有角樓四敵樓四十正統間燬于猺寇舊縣
在府東北寶山下獅子坡蓋以高州之地東西
北三面皆猺而獅子坡控其咽喉故也景泰間
流賊雲擾成化四年徙縣治入神電衞城隆慶
五年倭犯高雷陷電白及錦囊所城殷制院正
茂檄總戎張元勳駐從化復檄僉事李材許孚

遠分道督兵逐捕材方勦羅旁寇大捷聞有倭警曰電白與神電同城海北要區也不俟檄至而先趨之至則會兵合擊俘斬一千七十五員名高雷悉平

蓮頭山在縣南十里秀若芙蓉四十里有蓮頭港出奇壁山下北流南接大分洲入海奇壁山在縣西十五里山色蒼潤如壁故名

寰宇記云海出騾馬尾如牛水犀似牛角似龍

一曰龍鯉又多珠鱉狀如肺四眼六足而吐珠
又有文魮鳥頭魚尾鳴如磬而生玉述異記云
海中有鮫人不廢機織其眼淚則出珠南越志
有君魚長一寸背骨如刀逢諸小魚及黿腹皆
破之

甲寅行四十里至儒峝又六十里止太平驛

乙卯行七十里止樂安舊營名屬陽江又四十里過麻橋
河又十五里止陽江

丙辰偕諸公自陽江登舟行三十里至北津寨寨因山爲城登之可以遠眺有兩砲臺一曰南津與北津對峙夾海口而海陵島在其前自陽江並海西南行四十里有白鹿（疏稱北棠）砲臺又十里有豐頭港自陽江至豐頭陸行則甚遠爲途一百里而水行邪徑止四十里自豐頭又西南五十里爲雙魚所又二十里爲白額（疏稱北額）港此陽江西接電白之境也自北津東南三十里爲三汊港與陽江邪徑

相距六十里自三汊港又東至海朗所四十里此
陽江東接廣海之境也
肇慶府屬州一縣十惟陽江一縣並海而恩平
開平二縣亦與內海相通元年畫界自長山屬
陽
江
歷鋪戸仔山烟樓嶺馬村嶺龍高山石港墟
樓坑嶺崩牛山蒲山嶺雙魚所
湴田村丹朗村小那羅村過河北祿岡坪岡村
南落山那洞村山尾村過河北津山潮浦山爛
頭山那伏山花村鳳凰山那
潭洞村合掌山官山蔡背村至長逕紫羅逕口
爲陽江邊邊界以外距海十五里瓦郃平嵐十

里赤蔞舊塲餘附海八九里至一二里允泊雙門等梁棟東平海朗新海朗北政西平壠平舊塲石橋合浦鱸背山麻洞潮浦鱸仔大溝舊塲白沙三乂新寨勝塘西塘北環口洋烟樓區村及海陵島俱移并續遷共豁田地三千一百六頃有奇于北菉雙魚諸汛因界設守展界稍復今從春江營撥守北額諸汛北額十名雙魚所守備一兵九十名豐頭把總一兵三十六名程村把總一兵三十九名平岡千總一兵五十三名北菉把總一兵三十九名北津千總一兵五十九名三汊十名候閱定

北津山高二十餘丈自東沿海偶旅而來外扞
奔潮內衞村陌邑之外藩也上有望海亭夾口
對峙者曰南津山亦並海而西數里方止流其
中者爲漢陽江源出古銅陵縣浮雲山南流至
陽春縣會羅鳳石磜諸水經南恩舊城蓮塘河
鼉江注之蓮塘河源出琨水經尖山合于鼉江
鼉江東泒至獨洲都爲潭世傳有龍潛因名龍
濤又名鼉江同至北津港門入海兩津之間有

獨石高十餘丈圍四十餘丈出海戸二里許其下深不測萬厯二年倭陷雙魚總督侍郎殷正茂檄總兵張元勳副使趙可懷自新會發嶺西道劉志伊僉事石盤自肇慶發叅將梁守愚先至陽江衆議賊已舍舟必逸內地當設伏以待之已而賊果奔儒峝官兵遮擊于藍水施村大敗之俘斬八百一十二級復有餘倭自白額港登岸屯聚望夫坪石諸處官兵擊殲之餘黨悉

平萬曆四年總督凌雲翼奏立北津寨寨設船三十四官兵九百七十六員名自芒洲娘澳接廣海汛地歷海陵放鷄蓮頭至吳川赤水港止與白鴿汛地相接

雙魚所城在陽江洪武二十七年指揮花茂建周四百八十丈萬曆二年倭陷城署燬三年重修

海朗所在陽江縣東南花茂建周八百五十丈

鳳凰山高百餘丈周二十里一名北甘山壁立千仞有瀑飛下猿猱不能至相傳鳳凰巢其上遇大風雨嘗墮如雀而足稍短截其嘴爲鳳凰杯蓋鷓雀之類

望夫山在白石都接電白縣界高四百餘丈周四百餘里上有石如人引領狀傍有丫髻石

海陵島自北津寨渡海三十里長八十里廣四十里自平岡渡直過止十里舊志云海陵山高

三百丈周二百里列爲數峰上有盤石非人力可致而螺殼相粘舊名羅洲又名羅島圖經云海中有魚五月五日夜悉登岸化爲鹿其中峰爲牟黃山東爲平章山下有平章港受海陵漲潦以達于海西南爲馬鞍山山下爲戙船澳西北爲鵶洲山海陵巡檢居之宋史載末帝昺既亡張世傑將之安南舟抵平章港口颶風大作或勸世傑登岸世傑取瓣香登舵樓祝曰吾爲

趙氏亦至矣一君亡復立一君今又亡其所以
未死者庶幾別求趙氏立之以存宋祀天若不
欲吾復趙氏則覆吾舟舟遂覆世傑溺焉相傳
世傑死軍士得其屍焚化函骨葬于平章山下
或謂葬處在潮居里赤坎村而邑無潮居里惟
邑東有赤坎村亦不在此山下弘治已未知縣
柯昌大封赤坎村墓陳獻章作詩紀之王佐以
爲潮居里赤坎村皆在香山此陽江之冢乃疑

家也存之俟考其聚落有長沙村石潭羊蠔村麻錦鷄頭村丹朗村那賴村高田村那黃村那羅軍寨北祿村新寨施村牛屎埠陳豹仔北寮村郎下藍袍白水宮花崩溪村那販望山梁村馬村下洞南涌門旱洞仔白石扳河墩頭苦草雙貫白沙馬洞坑朗角浦山村南寶樓坑石門後湖梁康舊塲在版籍爲壽文白石二都元年遷移今復

丁巳行六十里至蓮塘又三十里止那龍爲恩平縣界

戊午大雨行四十里至占村又十里過那扶營多鹽田又三十里次鎮安屯志屬恩平周繚以垣垣外有溪遶之居民數百家屬開平縣界

三年續遷恩平縣共豁田地七百五頃有奇開平縣共豁田地一百九十九頃有奇邊界村名不具述

恩平縣明初無成化二年僉事陶魯立恩平堡

築城周二百二十五丈設巡司十六年建爲縣崇禎十二年知縣王扉以山水不利更築新城于黃河萠（疑是蓢字）周四百丈未及徙　國朝順治十一年舊城爲土寇王輿焚毀官吏寄居凹頭始葺新城以居焉（故有那龍營）

開平縣崇禎十七年開設舊爲開平屯堡城止二門康熙四年知縣高子翼名其東門曰紫來南門曰常平而那扶又屬廣州之新寧蓋犬牙

相錯也

己未大雨行四十里至白沙又六十里止新寧

庚申行十五里登舟又五十里止長沙閱廣海衛寨城南面卽大海遶城而東廣二十里夾海口有二砲臺西曰長沙距那扶營海程百五十里東曰烽火距元頭山海程八十里廣海陽江之界有香山口廣二十里

廣州府領州一縣十五附外海之縣五曰新寧

新會香山東莞新安游波內注復有三縣臨其崖曰順德番禺南海元年畫界自長逕紫邏徑口歷團魚逕象山阬頭松嶺虎山陡門過河橫山奇猷鬼岡烟岡文村柴格村奇頭岡海晏街大芰荷村那馬村石角山沙爛山小村上弓嶺荷木逕雙門山廣海衞過河廟後村窯冲山田頭村冲金村南村東坑村曲岡村白石村過河龍潭滘古蘿村頭山圓山至將軍山為新寧邊邊界以外距海十五里者旁幕赤企深灣曹涌十里石井那骨以至附海五里銅鼓村等大麻村小麻村楊梅長沙莆草蛋行村亞公山夏春墕望頭村祐村

沙橋村高明角紅花蓢土岡那要村北里村北里村北泊村及上川山下川山蟒洲諸海島俱移并續遷共豁田地一千七百六十二頃有奇于廣海斗門諸口因界設守今從那扶營撥守泗門等汛泗門港把總一兵三十五名陡門港把總一兵六十名廣海營撥守圓山等汛圓山三十名上洋坑四十名烏石岡六十名都斛汛千總一兵一百四十名上閣汛二十名山背汛二十名長沙汛兵二十名烽火角二十名荷木逕二十名海晏把總一兵一百名烽火角口把總一兵四十名白蕉灣四十名潭滘口四十名候閲定

廣海衛城本爲新會縣禱洲巡檢司洪武間指揮花茂奏遷巡檢司于望頭鎮以其地建置衛城周九百三十二丈弘治十一年設新寧縣而衛城亦割隸焉明設守備一兵船二十八兵三百三十五名自三角洲接南頭汛地起至芒洲娘澳與北津相接隆慶四年倭從海晏雙門寇廣海陷之指揮王楨鎮撫周秉唐百戶何蘭戰死

上川山在衛南海程五十里長二十五里廣二十里有石笱村北坑村西坑村茶灣村高觀村鮎魚村山多香蠟林木今有傜人居之傜官主其征稅傜人宗族在新寧之那伕寨上川之左曰大金門海右曰小金門海皆在海晏都

下川山與上川對峙在衛西南海程六十里長三十里廣二十里有牙灣村野牛塘南澳村水洋村南洋村淡水坑塔邊村上步村下步村葫

蘆灣荔枝灣有新寧人居之洪武四年海寇鍾
福全李夫人等自稱總兵挾倭船二百寇海晏
下川廣州左衛指揮楊景追捕至陽江平之
黃金門在衛南海程五十里周二十里
五主島在衛東南海程六十里周三十餘里
蟒洲島在衛西南海程七十里長十五里廣十
里
大牌海產苗蝦鱛白赤魚東南逕銅鼓山風濤

礵石有聲曰銅鼓海産多龜鼊紫菜鹿角菜其
西南爲番舶往來之衝曰寨門海
紫霞海在邑西八里其上有紫霞山時出雲霞
與水相映行舟多泊于此
辛酉行七十里泊新會閱厓門厓門去縣六十里
又十里爲長沙汛虎臀去縣四十五里獨子山白
石嶺皆其分汛
元年畫界自將軍山歷厓門口逕口山百足嶺那仗村獨子山

大涌口山東鄉村長洲沙大九尾大楊瀝子沙
泥岳三沙口麻園石洲沙橋并州沙橫海沙瀝
口逕過河至古鎮爲新會邊邊界以外傳海二三
里沙堆村等獨洲村大灣村梅灣村沙角村新村梅角村長沙村鬼叫村及
崖門島俱移并續遷共豁田地二千四百四十
八頃有奇于古鎮瀝口崖門諸汛因界設守展
界稍復今從新會營撥守長沙諸汛長沙把總一兵七十
名厓門東西砲臺千總一兵六十四名石嶺五
名獨子山五名虎臀千總一兵五十名虎坑二
十八名崖口
三十三名
候閱定

厓門山在大海中潮汐之所出入也高四十二丈周八十一里與奇山相對中有港門可以藏舟宋景炎三年端宗崩于硇州衛王昺卽皇帝位改元祥興六月帝舟次崖門造軍屋千間行宮三十間正殿曰慈元以奉楊太后二年正月元張弘範李恒兵至崖山張世傑悉毀行朝連大舟千餘爲一字陣奉帝居其間二月弘範命恒等守崖分四軍夾攻世傑苦戰俄有一軍檣

旗仆餘旗皆仆宋師潰世傑與蘇劉義等斷維
以十六舟奉楊太后遁去陸秀夫赴帝舟帝舟
大且諸舟環結不可動乃盡驅妻子入海朝服
抱帝俱投海中後宮妃嬪及翰林學士劉鼎孫
兵部侍郎茅湘吏部趙樵樞密高桂等多從死
越七日尸浮出海十餘萬時帝舟一白鷴哀鳴
良久亦墜水死世傑奉楊太后還崖山太后赴
海崩世傑收葬于崖山今崖山有楊太后陵又

有端宗永福陵即帝昺嗣位後所奉安也按行朝錄塡海錄倶云端宗葬崖山惟野史云葬于亂山民爲之諱其處至舊志云壽星塘側有陵迹五處則又在香山葢馬南寶築疑陵也又有宋太后陵在香山梅花水坡上一在墳頭岡而元文類稱李恒追世傑至高州獲昺尸還報亦與志異見舊志事紀成化間僉事陶魯建太忠祠于崖山祀文信國陸侍郎張樞密三人知縣丁積

劄廢寺田二頃以供祀事以趙權伍隆起子孫守之弘治中右布政劉大夏奏入祀典徐僉事建全節廟于大忠祠後嘉靖中知縣何廷仁建思義壇于廟門外祀宋元時死義將士伍隆起者從與張弘範戰死陸秀夫刻木爲首以葬之今新寧西四里黃牛推車山有宋義士伍隆起墓

奇石山志不載但云與厓山相對有湯餅山陳

獻章詩云北風吹浪卷滄溟杖屨船頭候曉晴
滿路寒雲吹不散一帆細雨濕湯餅
崖山有大沙村舊設沙村巡檢司
長沙村舊設沙岡巡檢司距崖門海程十里陸
路五里與廣海衛相對而近新寧之百峰山爲
會寧開恩四邑接壤之地康熙二十年設把總
戍之百峰山層巒叠嶂不可紀湯餅獅子皆其
支壠故有百峰之名有板潭雩禱輒應

宋元熙六年置新會郡治盆允隋改允州今新寧界外有允泊村猶其遺蹟也

將軍山在邑西三十三里自潮陽都趨向流水與雙門逕山相接

熊子山在邑南二十一里大海中有四名曰鼠熊曰馬鞍熊曰東熊曰長熊熊當作能音若那鼈三足也又有紫水入于熊海宋皇祐間水忽變紫色故以爲名

鬱水自番禺分流至縣東爲江門陳徵君獻章所居也有碧玉樓嘉會樓閩人林應聰題詩云令伯可能忘菽水漢家終不屈羊裘至今傳誦又有釣臺卽付吳聘君與弼者也其流逕縣滘入于熊海東趨香山爲小梁海西自蜆岡至崖門入于牂牁爲南海汪廣洋詩云牂牁流水碧潺潺潮落潮生草木閒一片海雲吹不起越人遥指是崖山

癸巳行海程兩日泊香山失記里數

甲午登陸自縣東南行山脊百里至前山寨左右皆臨斗絶之坡中一徑僅數尺止容舁輿頗稱艱險又二十里至嶴門宿

乙未登嶴中兩砲臺矌覽海南形勝葢香山一邑位廣省之正南環逼四潮島嶼森拱而嶴門一鎮又在前山寨之南一名濠鏡嶴亦曰香山嶴形如靈芝廣二十里長半之正北一石埂貫大海而屬

于前山寨廣十餘丈長六里如芝之有莖埂與寨相屬處築關守之曰鬼子關啓閉有節島中居人皆番彝約千餘家土人有非時闌出者關吏呵止之彝亦不得輙入焉然彝人食糧皆仰給內地土人常繈負至關前與爲市彝中雖有砲臺不設戍兵彝自爲守彝所恃者砲東曰大砲臺列砲二十六最大者一重萬斤少次者一重九千七百斤又次十五各重五千斤又次五各重四千七百斤最

小者三各重四千五百斤西曰汪洋砲臺列砲十有一大者六各重五千斤次者二各重四千五百斤小者三各重三千八百斤賊在數十里外用遠鏡登臺矚之帆檣兵械甲裝服色毫髮畢照舉砲一擊皆糜碎矣以此無敢近者自有海寇以來奧門無失事康熙八年議斥逐諸彝卒亦不果至今安居如故自奧而南海程十里爲十字門山如兩眉横列而闕其正中又南十里爲小横琴適當缺

口又南稍西爲大橫琴重案也自嶴而西海程二十里爲三竈島又西二十里爲黃粱都自嶴而東海程三十里爲涌口又二十里爲旗纛澳又有蕉門黃角潭洲村諸島在嶴之東北而沙尾北山在其北止隔一水諸島雖爲省會之案砂而周羅環匝嶴門獨居其中如蓮之有菂亦一奇也是日又閱黃粱都穿虎穴夜行二十里宿翠微村是處虎特暴悍能登人屋極裂椽以入破壁而出居人皆

以鐵櫪爲門關嚴設警備猶惴惴不保云

丙申行五十里踰逕嶺嶺甚峻千崖聳列中通一逕旋折如絲憑高下視山麓皆在雲中也午刻抵縣登舟邑諸生黃逵卿來謁貽先集四種乃其祖少詹名佐者所著也佐博通羣籍又諳南越掌故嘗爲省志至今重之

元年畫界自古鎮歷觀音山鷄頭山赤金山疊石山竹仔林幽涌後岡大湖洲山凹泥埔鹿鳴山深灣村王母山小猴子山岺隍山馬騮山楓門坳石塘村茶頭

岡穀園山漏角長沙埔界田心墟翠微村三竈
背村北山前山寨白石山吉大村關閘口南坑
山濠潭村黃坑山金戶山麻園山神前嶺大沙
岡後龍山東蚜山鹽田村金石山下田村龍穴
頭村獅子村麻子村東州
門獨子山潭洲山黃角山
至小虎山爲香山邊
邊界以外黃梁都沙尾村北山嶺旗纛澳橫琴
山等諸海島皆移并續遷共豁田地四千一十
七頃有奇于前山諸汛因界設守展界稍復今
從香山營撥守深灣諸汛
深灣把總一兵三十
名蔴子埔十名白石
汛五名石塘汛五名茅灣臺十名秋風角十名
沙尾三十名平頂山十名角頭山十名漏戶門

把總一兵四十名水洲山十名關閘把總一兵
二十一名北山嶺五名吉大臺十名鷄拍臺十
名
候閱定

阮詠縣治記云香山環海孤嶼昔爲東莞之一
鎮宋元豐建爲縣繚以土垣號曰鐵城但設寨
官郎所謂金斗鹽塲也初治七星峰下元末遷
于蓮華峰是爲今治瀕海有插笏山又名獺窟
香山所在縣治

日南徼外占城以西諸國番人雜處粤省爲日

久矣省城懷聖寺番塔創自唐朝輪囷十六丈而宋余靖亦言粵臺之下胡賈雜居特不能定其來自何國今嶴門諸彝自言大西洋人明萬曆間有利瑪竇者始入中國見嶴門風氣苞固因請于彼國遣衆聚居爲互市計其人多巧思善製器亦能治曆士大夫樂與暱近相洽往來不絕初至時每歲納地稅五百金

本朝弘柔遠之德謂國家富有四海何較太倉一粟

特與蠲免彝益感慕其所事之神曰天主高其觀堂備極華飾京省皆有之而在粵門者爲尤盛也其像爲女子抱一小兒被服珍怪障以琉璃望之如生女子曰天母名瑪利亞所抱兒曰天主名耶蘇漢哀帝時人也其室之右有風琴臺懸銅絃琴時時自鳴又有鉦鼓管簫諸器藏機木櫃聯以絲繩輪牙紛錯互相擊撞旋轉既窮則諸音自作如出手口左爲定時臺巨鐘覆

其上飛仙立臺隅操椎擬鐘亦以機轉之按時扣擊子一丑二以至亥刻十二擊無少爽前揭圓槃書十二辰日加某時則蟾蜍銜籌指其位主其教者道士也無室家在嶴者方姓諸編戶皆有室家婦女長裙絲履男子披髮戴番葉笠曳高屐著淺碧繡帔桃布行纏其交市以夜婦女主之男子不出也故事彼國洋船到布政司驗票收入其物胡椒蘇木哆囉呢洋酒共來嘗

以盛暑其去嘗以臘底因風便也其行賈之地

曰大小西洋小西洋去中國萬里半年可至大

西洋去中國九萬里三年始至禁海時番舶暨

阻粤人貧困康熙二十年貢一獅子求通商以

濟遠旅許之由是蕃船復通寻至粤彼國使臣率

其部人奏番樂以迎其樂器有觱篥琵琶歌聲

嗢咿不可辨使臣手握赤籐杖質如珊瑚光潤

通明而柔韌可卷不知何物爲彼國所甚重非

王賜不敢握若符節然轝中握杖者四人而已
已而迎者益衆競放鳥鎗其聲拉雜將至館兩
臺砲聲大作山谷爲動館予之室有三層作旋
螺徑以入每進益高斲石爲砌精工絶倫牀几
皆泥金地鋪鮮花蕊瓣厚數寸紅紫爛然侍童
有白黑二種白者曰白鬼質如凝脂最雅靚惟
羊目不眴與中國人異黑者曰黑鬼絶醜怪即
所謂崑崙波斯之屬也白鬼爲貴種大率皆子

弟黑鬼種賤世僕隸耳其貯茶用玻瓈甌承以蕘盤進果餌數品皆西產也甘芳絶異有頃設食饌器止四而異香酷烈燔炰殊製雞鳧之臛皆全體無骨又不見解剝之跡不知何以能然也方姓言舉中彝目三年一更皆奉彼國王命彼國王欽仰

聖朝每遣使必戒以恭順守法尚逆背叛時索其兵器抗勿予尚遜無以難也予一宿而行將行作

一詩慰勉之器人出方物數種爲獻有玻瓈屏一鏤金錯鈿備極瑰異千里鏡一連筩四五注所窺之物而徐展之數十里外可矚毫末自鳴鐘二大者高六七寸小者半之畧倣定時臺之形扣擊亦同雙聯鳥鎗二長尺有咫可藏袖中不施燃線第用燧石嵌火門而抉以鐵機機動火發發必疊雙夜行用以警備人不能測寻盡却之獨取其洋酒一筩其酒釀以葡萄色如琥

珀亦貯玻瓈甖內外澄澈十二甖共一笥也按
岳倦翁珂桯史載南海彝商事云番禺獠海雜
居其俗尚鬼如中國之佛而無像用金銀爲巨
槽合鮭炙粱米爲一沃以薇露散以冰腦羣聚
食之其餉客則用酒饌燒羊皮作黃金色酒醇
而甘與崖密無異居無溲匽有樓高百尺下瞰
通流謁者登之以中金爲板施機蔽其下奏廁
鏗然有聲有池亭方廣數丈亦以中金通甃凡

用鏗鋌數萬中堂四柱皆沉香又有四柱欲狃于朝船司以其非常有恐後不繼不之許有窣堵波高入雲表外圜而加之以堊望之如銀筆梯級圜轉如旋螺每層啓一竇四五月間船將至羣獠臨竇啁哳號呼以祈南風亦輒有驗上施金鷄用代相輪其制作瑰異飲食芬潔絕類今時是知前此來通中國固已有人矣又昌黎集有赤藤杖詩云世傳滇神出水獻赤龍拔鬚

血淋漓又云羲和操火鞭暝到西極睡所遺與予所見亦相近但云出自滇南亦不必產于絕域也存之俟考

萬曆二十六年呂宋市舶至嶴嶴人拒之不得入二十九年紅毛鬼國駕大舶至嶴嶴人又拒之番彝譯言但求通貢不敢爲惡臺司怪其無表不納逡巡竟去歸途爲滿剌伽國遮殺殆盡今臺灣相傳爲紅毛地云

唐始置市舶使以嶺南使臣兼領之設市區以居番人番舶最大者爲獨檣船能載一千婆蘭蕃人謂二百斤爲一婆蘭開元中用蕃人言欲通獅子國監察御史楊範臣以爲市舶與商賈爭利非王者之體上引咎罷之元和貞元中蕃人數不靖討平之節度使王處休令市舶之外一無所取嘗表奏曰海門之外隱若敵國貪忠履信貽厥將來時稱得體宋開寶四年置市舶司于廣州熙

寧中罷明杭二市舶司皆隸廣州大觀中復舊
建炎元年禁買篤耨香瑪瑙猫兒眼諸無用物
惟取象犀可充帶飾者乾道初置提舉官元罷
之禁勿開明初復設凡東洋交市多用絲紵回
易鶴頂等物西洋交市多用川廣貨回易胡椒
等物沉香有黃沉烏角沉至貴有蠟沉惟奇南
木乃沉之生結者犀角有烏犀花犀通天犀至
貴有復通犀洪武二年初置市舶提舉司設署

廣州城外一里卽宋市舶亭海山樓故址也永
樂間遣內臣鎮守領市舶事尋于廣州蜆子步
創室一百二十間以處番人隸提舉司正德中
佛朗機國稱朝貢闌入東莞南頭樹柵以居砲
聲轟烈震駭遠邇多爲不法甚至掠十歲以下
兒烹食之姦民因爲誘販每口得金錢五十枚
有司廉得以聞發兵逐捕戮其渠魁亞三餘猶
狡抗數用銃敗我軍或獻計募善泅者伏水鑿

沉其船始敗遁去佛朗機砲自是始入中國是
年有詔絶番舶而粤市蕭然無復舊觀兩廣巡
撫林富奏曰按祖訓安南眞臘占城蘇門荅剌
西洋爪哇彭亨白花三佛齊渤泥諸國俱許朝
貢佛朗機本不載祖訓布政使吳廷舉誤許其
貢致有驚侮誠爲失考成憲乃因此盡絶諸番
舶不幾因噎廢食乎以臣度之蕃船通時抽解
可供御用存庫可佐軍餉小民持一錢之貨卽

得握椒展轉貿易可以自肥廣東舊稱富庶良
以此耳因民所利而利之誠與尋常言利者不
同至于內外之防但須嚴勑津戍有祖訓不載
之國而妄冒貢舶者立驅出境自不致意外之
虞矣疏入報可于是番舶復通
國朝不設市舶提舉兼領于鹽課提舉司禁海幷罷
復通後令番舶駐前山寨陸運貨物至香山令
藩幕一員監之今遣部屬董其事

黄粱都長百里廣八十里周四百里由香山小
河五十里至海崖渡海二十里抵島岸其村落
有東澳村大乾霧村小乾霧村南山村南門村
大赤坎村小赤坎村山蕉園油麻埔斗門村小
濠涌村大瀝岐村三洲村芋葵村沙江村山底
村大濠浦村荔枝山泥灣村龍潭村南禪佛村
漟涌村黄泥塘村黄楊山諸處黄楊山即鄧光
薦攜家隱居地也光薦廬陵人至此遇寇妻子

十二口俱焚死復走之烏巖山與文信國同舟倡和光薦有題崖石詩久之成東海集信國爲之序三洲山去烏巖二十里三峰並立海中亦名大圓山赤坎岡即在黃楊山之陽相傳爲張世傑葬處詳辨于海陵島條中萬曆五年日本薩子馬島賊舟二十餘寇溫州舟壞倭帥丹俄率四十餘人犯大鵬副使孫光祖參將胡震躡之九洲洋賊窘急登黃楊山官兵逐之殲焉

大橫琴長五十里廣三十里小橫琴長三十里廣二十餘里有橫琴村井澳井澳卽宋史所稱端宗舟過此遇風幾敗者也傍有湖居里宋世沙涌人馬南寶居之端宗至獻粟千石召拜工部侍郎景炎二年十一月以其家爲行宮南寶極力營護旣而帝之硇州尋崩還殯南寶家後葬于崖山宋亡南寶悲不自勝作詩有目擊崖山天地改寸心難與夜潮消之句後訛傳帝昺

在占城糾衆往迎被執不屈死明黃瑜井澳詩

云江南破白雁過更無一寸土可坐自閩入廣

隨波流流氛暗天天亦愁黃蘆埋岸風颼颼上

有深井澳下有仙女澳漁舟不到御舟到風吹

御舟力排奡嗟嗟悲哉誰與告江南破白雁過

宋末童謠也

三竈島長七十里廣五十里烏沙海滙其東林

木葱蒨中有三石如竈故名其聚落有大索村

春花園茅田村魚弄村草塘村聖堂村上表村
下表村斤竹園神前村銀坑村望下村占浦村
島中春花園諸處腴田三百頃宋時在黃字上
下圍元時海寇劉進據之洪武初屬黃梁籍居
民吳進添通番爲亂二十六年都指揮花茂奏
討平之遷其民除其稅虛其地屯千人守之正
德中南海勢家借新會虛稅影占此土招畬蠻
盗耕漸以成熟自是島民相與攘奪數更其主

知縣鄧遷清丈入官收其租貯倉備賑後因軍餉不敷變賣以充而田仍歸民矣其旁復有松柏峽白蕉山大托山蜘蛛洲坦洲諸小島

沙尾北山長一百里廣九十里

旗纛澳長九十里廣四十里

九洲洋九山星列在磨門東北鷄拍村在其西

高欄在縣西南海程一百十里長四十五里廣三十五里

黃角在縣東北八十里屬虎門汛長一百二十
里廣八十里
鷄柏村隸恭常都有銀涌角宋世產銀屬廣州
宜祿塲大觀中廣東廉訪使黃烈奏言礦內黃
脉微甚而浮沉之人以納官爲名發毀民田非
法詔罷之嚴禁私開三百年無敢動正德中姦
民揑旨採煎遂成礦盜閭里爲墟
象角頭海在伶仃洋西二十里西接鯆鯉北連

大欖

石岐海中有浮虛山與波上下在縣北七十里

三月丁酉朔行一百八十里泊順德

順德在香山之北少西亦四面通潮元年不遷

三年續遷豁田地一千二百二十一頃有奇遷界村名不逮今從順德營撥守仰船岡諸汛仰船岡千總一兵三十五名馬寧汛千總一兵三十五名白藤二十七名橫流把總一兵三十五名大黃埗三十二名小黃埗三十二名龍灣遊擊一千總一兵一百七十名候閱定

順德縣本南海之東塲馬寧西淋三都地正統十四年鶴冲堡賊黄蕭養作亂討平之景泰三年析而置縣治大良堡

呂嘉拒漢築石𦉪金斗二城金斗卽香山地順德城南七里有石涌村葢越人謂𦉪曰涌也近縣諸村更有西涌涌口之名疑皆從此推

碧鑑海源出粤江其色澄碧可鑑人形縣北三十里曰三曹海又十里曰庚流海以水向庚流

故名縣西二十里曰錦里海又八十里曰洪濛
海皆小川也縣北四十五里曰疊石海在桂林
堡東接新會西南七十里曰石頭海西通香山
皆自北而南注于大海
仰船海在縣西南七十里出三瀝海西通香山
戊戌次廣州登粵王臺
庚子拜冬官命即驛庭望　闕謝恩
辛丑謁南海神廟次于墅

廣州有重海在南海番禺之境者內海也元年不遷三年番禺縣續遷田地六百七十四頃有奇遷界村名不述南海縣亦有遷閱時已復不贅按吳越春秋闔廬子孫避越嶺外築南武城其後楚滅越越王子孫自皐鄉入始與令越人公師隅修吳故城居之即今郡城是也逼歷周夷王八年楚子熊渠伐揚越自是南海事楚有楚庭亦如尉陀有朝漢臺也其後越人爲楚所逼竄走叢薄而裴淵廣

州記云戰國楚相高固時有五羊萃于庭則遂爲楚有矣秦以任囂爲南越尉立南海郡初居瀧口西岸俗名萬人城旣乃入治番山隅因楚庭之舊又以舊有五羊銜穀之祥增築南武城號五羊城尉陀代囂益廣之故今又謂趙佗城漢武帝元鼎五年平南越號故城爲越城建安末吳步騭爲廣州刺史以越城就圮乃廓其北面番山爲番禺城二十二年遷州治于此隋開

皇十年析置南海縣治城北芝蘭湖今禺山即在城內東南隅迤邐而北即番山也三山連屬如長城南漢劉龑以南城尚隘始鑿平禺山以益之就番山積石爲朝元洞復以沉香爲臺觀于禺山上宋熙寧間經略使程師孟增築西城嘉定三年經略使陳峴復于城南築雁翅城以衞民居洪武十三年永嘉侯朱亮祖請連三城爲一闢東北山麓以廣之周三千七百九十六

丈而規模大備矣其城形如覆鐘北枕高山如鐘紐卽粵王臺也登之可盡一城之勝東西南三面浚池長二千三百五十六丈獨缺北面宋世嘗于東西置堰瀦水以限北城之址成化間巡撫陳濂議鑿北山溝通之慮傷龍脉不果行

郡城三面皆江南距大海東江在城東南二十五里自博羅西流西江在城西北五十里源自牂牁合灕江過肇慶而東北江卽湞武二水過

臨武合于西江三江並會于城南海中東海之潮出佛堂門入惠州界歷甲子虎頭以達東莞之斜西海南入大洋分其餘波注郡南今去城百里至古斗村浩淼無際卽諸江會處也有石如珠屹立波心曰海珠石南漢創慈度寺于其上又東過瀝滘達于蜆江滙于南海廟前海隅出日水中見之有浴日亭是謂波羅江又合諸水入于南海

南海廟創自隋時唐天寶間始封廣利王元和十二年韓愈撰廣利王廟碑文廣州刺史孔戣立宋康定二年加號洪聖有玉簡玉硯象鞭石硯製作精巧又宋眞宗賜玉帶及番國金書表龍牙火浣布各一藏于市舶庫至和元年加王冕九旒犀簪導青纊充耳青衣五章朱裳四章革帶鉤艓綪紱素帶大帶錦綬履韈幷內出花釵九株袿襹簪鏌署曰賜明順夫人元時賜銀

盒金旛今俱不存配以六侯曰助利侯達奚司空也曰助威侯社公司空也曰濟應侯廵海曹將軍也曰順應侯廵海提點使曰輔靈侯王長世子也曰贊寧侯王文子也洪武三年額封南海之神盡除諸王侯封號因屢著靈異復賜金盒黃旛以荅神貺嘉靖初按察副使徐文溥始徹夫人像而鄉民猶崇信如故云廟在城南八十里本非海島然陸行必踰斗嶺乃徑不若一

帆之便而唐時刺史往往觀顧怖悸以疾爲解
委其事于副至以孔公親祀爲僅事是不可曉
廟廷有兩波羅樹爲廟與江所得名其旁有扶
胥鎮卽韓碑所謂扶胥之口黄木之灣也
浮丘山在城西四里先在水中若浮四面篙痕
宛然宋初有陳崇藝者年百十二歲自言兒時
見山根艤船數千今去海已四五里番禺雜記
浮丘山下有珊瑚井相傳海神嘗獻珊瑚于此

又三里爲荔枝灣舊圖經云廣四十里袤五十里劉鋹建昌華苑于其上又十里爲花田彌望皆種素馨花南征錄云劉王宮人死葬于是至今花香特甚他處丹鉛餘錄載陸賈南中行紀云南中諸花惟素馨花香特酷烈彼中女子以綵絲穿花心繞髻爲飾梁章隱咏素馨花詩云細花穿弱縷盤向綠雲鬟用陸語也花繞髻之飾至今猶然謂之花梳

海目山在城西南一百四十里海中並列兩峰
其形如目故名有芳秀臺龜石臺諸勝
暹羅貢使坤匣呱拍紗來謁列貢船數以上具言
船名烏頭夾板舵正貢船長九丈九尺中廣二丈
五尺三寸深一丈五尺四寸頭廣八尺尾廣一丈
四尺桅名打馬樹大者長七丈五寸圍九尺次長
五丈九尺五寸圍七尺象船長八丈二尺四寸中
廣一丈八尺深一丈四尺頭濶四尺八寸尾濶一

丈大桅長六丈六尺圍五尺五寸次桅長五丈三
尺八寸圍四尺正船空時食水七尺裝載食水一
丈一尺五寸象船空時食水五尺裝載食水一丈
二寸以康熙二十二年五月初二日發本國正船
于閏六月二十日抵虎門象船于六月初十日自
廣南外邏失風漂至厦門九月二十一日始至虎
門

按暹羅國故爲暹國及羅斛二國地在占城極

南隋大業間屯田主事常駿至其地有地名吉
赤土遂訛傳爲赤眉遺種元至正間暹降于羅
斛始合爲一國明洪武初國王參烈昭昆牙遣
使入貢永樂間與其旁國滿剌伽相讐殺成祖
詔諭王曰比者滿剌伽國王亦思罕荅兒沙嗣
立能繼乃父之志躬率妻子詣闕朝貢其事大
之誠與王無異然聞王欲加之兵夫兵者凶器
好兵非仁者之心況滿剌伽既已內屬卽爲朝

廷之臣不先申愬而輙加之兵是不有朝廷矣
王宜深思輯睦鄰國並受其福豈有窮哉暹羅
王得詔悔禍息兵終明之世朝貢不絕在
國朝尤爲恭順康熙二年六年十年皆常入貢其貢
品以龍涎香爲上在彼國每兩直金錢十二枚
每貢不過一斤又有金銀香樹膠香羅斛香碗
石犀角象牙翠毛龜筒六足龜鮫綃布紅撒哈
剌布紅地絞節智布人象花紋布乍連花布葱

白暗花布之屬龍涎香出蘇門荅剌國有龍涎嶼獨峙南巫里洋每至春間羣龍交戲遺涎石上國人駕獨木槎取之遇風則下海一手攀槎一手揮水以至岸其涎初若脂膠黑黃色久乃凝結或從魚腹剸得之有大如斗者遊宦紀聞云海傍人伺草上有雲卽知有龍睡守之至散卽知龍去矣得其眞者和香焚之翠烟浮空結而不散有三種一曰汎水輕浮水面善泅者掠

取之一曰滲沙雜和沙中一曰魚食則從魚糞得之是又謂隨處可得不必蘇門之嶼也嘗閱雜華疏鈔及西域記西土諸香有旃檀薰陸兜樓婆畢力迦之屬以牛頭爲第一此香因龍鬬而生蓋梵語謂交合爲鬬今黎人猶呼雌雄兩鷄爲一鬬也龍涎當卽龍漦耳嘉靖三十四年司禮監奉中旨訪買龍涎香爲醮壇之用每斤給價一千二百兩徧購之番船僅得十一兩益

以廣獄死四馬那別所獻及窑地山彝所採始滿一斤官司按驗其中有褐黑色者有褐白色者多用贗物攙和其難得如此南宋人多作詞咏之王沂孫云孤嶠蟠烟層濤蛻月驪宮夜採鉛水李彭老云波浮海沫誰喚覺鮫人春睡呂同老云剪碎腥雲杵匀枯沫皆善寫實事唐藝孫云海蜃樓高仙娥鈿小縹緲結成心字則又言烟縷之異要之珍賞非一世矣自蘇門荅剌

順風十二晝夜至錫蘭山國隋常駿至林邑極西望見焉番語謂高山爲錫蘭因名有翠藍嶼在龍涎嶼之西北相傳釋迦嘗來佛跡猶存永樂七年太監鄭和至其地王不恭和潛師襲破其國擄其王以歸至京師赦之遣還更擇國中賢者爲王錫蘭之南界爲別羅里自別羅里西南行七晝夜爲溜山洋國又十晝夜爲古里國又二十晝夜爲卜刺哇國與柯枝小葛蘭接自

小葛蘭二十晝夜爲木骨都束國自古里行十晝夜至忽魯謨斯國又二十晝夜至剌撒國又二十晝夜至阿丹國又自忽魯謨斯行四十晝夜至天方國西洋盡處矣永樂間所見西南諸國如此

壬寅行百里止東莞

癸卯行三十里至石角舍巨艦易邏海小艓出海口行二十七里至鎮口又十里至虎門寨登最高

山巔望大虎小虎山三門橫當砲臺及南沙海南栅寧洲等島央皆可盡三門在寨南二里又南五里爲寧州島南山砲臺在寨西七里又一里爲橫當臺又西二里爲南沙又西十里爲蕉門又西二里爲黃角左汛又西五里爲黃角右汛香山所轄也南栅鄉在寨東僅隔一水又東五里爲上角村又東三十里爲碧頭鄉而茅洲墟鹽塲在寨之東南四十里皆接新安境是日仍返東莞

元年畫界自小虎山歷大虎山虎門寨等境鈌口鎮蟻公山白沙大山大嶺山至三角山爲東莞邊邊界以外距海三十五里者新村柏樹矮岡三十里者白泥坑田心寨龍眼北栅圍大寧壚溪岡大坑鍾屋地羊灣尾懷德長坑獨樹二十八里者河潭岡二十六里者田尾二十五里者鍾屋圍橫樹頭二十二里者大寧西坑二十里者社岡增田十五里者宮涌新地十里者塱尾濶澳餘九里

至一二里江門等石岐村竹洲金洲角嘴崖小捷壆頭側岡尾上角白石凹白石下路沙頭烏沙白石沙上沙大井上僅咸西蕭邊涌頭田寨及海島寧洲海南栅俱移并續遷共豁田地八百三十六頃有奇于虎門諸汛因界設守展界稍復今從虎門營撥守石子頭諸汛石子頭把總一兵一百七名麻涌口把總一兵一百二十四名到壆四十名大涌口七十名鎮口把總一兵九十七名三門臺二十八名南山臺把總一兵三十一名横當臺把總一兵一百名黄角把總一兵七十名候閲定

晉咸和元年置東官郡領九縣首寶安即治所

也在今縣南二百里隋開皇間廢爲縣唐至德
二年改名東莞移治倒埔卽今縣治也其寶安
舊基洪武二十七年改爲東莞所命千戸洪皓
開築城五百五十二丈萬曆初卽所城稍擴之
置縣治名新安沿寶安之名也其地土名石子
岡亦名城子岡以平曠如城故其傍有石鼓紋
如龍鱗鳴則兵起盧循入寇時嘗有聲今戍地
有石子頭倒塭皆相近地莞草名如蘭可以編

席

大嶺山在縣西南二十里奇特聳峭下視羣山如蟻垤瀑布水出其陽紫霞泉出其陰相傳宋世有道人崔羽號紫霞君遊羅浮至此鑿井得泉云

三門海在縣西南六十里因海中有大小虎山分水爲三故名潮水至此分爲三派已復合而爲一名大步海珠生其中曰媚珠池

虎頭門寨海島也縱十二里橫五里周十二里
宋景炎二年張世傑奉帝舟次于秀山即此又
西南八十里大海中有梅蔚山景炎二年正月
帝舟次于梅蔚即此按是年二月帝舟移古塔
十二月自秀山移井澳又次謝女峽劉深追之
七星洋井澳在橫琴島籌海圖編有仙女峽九
星洋在零丁洋西三角山一名蓮華峰九峰峻
聳狀如蓮花上有池池中石與蠣房相融結蓋

湧于海也

武山在大海中潮汐消長于此可辨宋余襄公靖紀行云凡月加午位而潮平者朔在日中上弦在日入望在夜半上弦前爲晝潮以後爲夜潮凡月加子位而潮平者望在日中下弦在日出朔在夜半下弦前爲夜潮以後爲晝潮此南海之潮候也按潮汐天地之呼吸也當其日中而平也日出初生爲吸之始日入消盡爲呼之

終當其夜半而平也日入始生爲吸之始日出
消盡爲呼之終消生循環呼吸互根一日兩廵
此南海之潮候也然亦有不同者雷州人言調
黎之水一日一潮那黄之水一日兩潮至域外
尤多異候占城外羅歷大佛靈至崐屯山有七
嶼七港號爲七門自朔至望潮水自東旋西既
望至晦潮水自西旋東眞臘之潮自官船口注
大埔朔望并潮一上七日水長丈六七七日後

日夜分爲兩潮水長一二尺是又不可解明世
于此設武山陸營與虎門水寨相應天啓三年
總督王尊德築城爲駐兵之所今不復設
鈌口鎮白沙村皆廵檢司麻埔村一名中堡舊
設中堂廵檢司
海南栅縱横各八里周三十五里有南栅鄉南
栅村西涌村留亭步溪泥凹板頭村冬瓜欝村
涌口村南岸村新村南涌口村溪頭村對面岡

永原村西安村東北村

寧洲鄉縱六里橫三里周二十里有東村西村

溪螺後村坑塘村崩沙村

南沙縱十五里橫十里周七十里村名疑混入海南柵

甲辰復易舟行二十里欠板土瀝

張正郎分閱新安新安城南水程二十里至伶仃

山山外即伶仃洋縣東一百六十里爲大鵬所其

南面有七娘山山外爲老大鵬即濱大海所城東

南有海口大船可入其東北過西鄉嶺小貴嶺復有港口僅通小舟大奚山海島在邑南水程九十里志稱二百里佛堂門海島在邑東南水程一百五十里志稱二百里

元年畫界自三角山歷馬鞍山等境源泉山河水口香櫞圍周家山田心圍凉水井羊蹄山更鼓山北竈山圍村上村新安縣崇鎮舖照穴岩白石山漢塘山龍灣山梅嶺村新英村赤尾村塘尾圍隔塘圍簕口山平輋山後梧桐山黎峒村梧桐山鹽田村梅沙山溪涌山下洞山湧浪至大鵬所山梅子林田頭山逕口山窯凹嶺

爲新安邊邊界以外距海二十五里洪田二十里嶺下鮎魚溪螺湖玉勒上寮白沙燕村十五里粉壁嶺龍躍頭穀豐嶺石岡田寮白水鄧家蓢十三里黎峒十二里上水十里半天雲小坑上下屯門漢塘高莆錦田豐園蓢阿媽田平山園山下村大井田心網井石祖廟新橋丙岡及附海六七里至一二里河上鄉等（張屋村鷄雉 上下步赤尾）隔田新英村江下穀田龍塘東山流塘坜心臣田北竈山猪凹西鄉鰲灣岡戍大坑村龍騎大

對山橫岡大嶺下碧州屯村花山犬眠地鶴藪
南蛇牛欄山西貢西洋尾王母凋沙岡下沙歐
陽水背疊福關湖溪涌奇埔上下埔梅大灣鹽
田麻雀嶺大步頭漨涌錠角村大梨園牛騎龍
蛟塘大浪馬鞍山蠔涌天妃廟舊官富司衙前
九龍古墐淺灣黃泥鋪橫洲沙岡下村竹園官
埔米步飯籮洲新田洲頭勒馬洲蛟洲白岡橋
頭小橫岡石下新竈沙頭沙尾西涌榕樹角白
石山禾蛉岡石圍塘黃田茭塘福永司竈下觜
頭角歸德塲白頭岡大步涌漁滘大田茅州山
茅州墟東煑鋪潭頭港口上下山門上頭田莆
尾黃松岡石岡溪頭沙浦劉岡涌涌頭塘周山碧
頭村暨佛堂門大奚山鶇公澳榕樹澳白沙澳鷄
栖澳南頭香港塘福梅窩石壁螺杯澳大澳沙

螺灣諸海島皆移并續遷共豁田地一千三百五十九頃有奇于大鵬所置重兵又因界設守展界稍復今從新安營撥守碧頭諸汛碧頭臺千總一兵四十五名佛子凹把總一兵五十九名南山臺千總一兵六十名九龍臺把總一兵七十三名候閱定

佛堂門海中孤嶼也周圍百餘里潮自東洋大海溢而西行至獨鰲洋左入佛堂門右入急水門二門皆兩山夾峙而右水尤駛番船得入左

門者爲巳去危而卽安故有佛堂之名自急水角逕官富塲又西南二百里曰合連海葢合深澳桑洲零丁諸處之潮而會合于此故名又西南五十里卽虎頭門矣其地又有龍穴洲嘗有龍出沒其間故名每春波晴霽蜃氣現爲樓臺城郭人物車馬之形上有三山石穴流泉船商回國者必就汲于此又有合蘭洲與龍穴對峙上多蘭草故名潮至此始合零丁洋卽文信國

賦詩處桑洲之旁又有大王洲馬鞍洲陳璉詩云瀰漫合蘭海南與滄溟通蜃氣起鮫室珠光出龍宮

大奚山在合連海中俗曰大姨又有小姨山與俱峙中環三十六嶼周圍三百餘里居民以魚鹽爲生宋史慶元三年提舉鹽茶徐安國以捕私鹽致亂知廣州錢之望遣兵擊賊殲之遂墟其地後有萬姓者據之呼爲老萬山籌海圖編

載其名明祁順有大奚山詩滄海波濤濶奚山島嶼多空中排玉笋鏡面點青螺洞古雲迷路巖深鳥占窩昔人屯戍處遺跡徧烟蘿

南頭戍地古在屯門鎮曹能始名勝志載紀事云東莞南頭城古之屯門鎮韓愈南遷詩云乘潮破扶胥近岸指一髮屯門雖云高亦應波浪沒卽此也今志城池條不復載籌海重編圖載

屯門澳在海中屯門山今名杯渡山上有滴水

巖虎跑井神僧傳云杯渡禪師不知姓名嘗乘木杯渡海因以爲號禪師入粵後又嘗至建業宿齊諧家宋元嘉三年九月死葬覆舟山至五年三月復詣諧所衆皆驚異尋復辭去云當詣交廣間云明嘉靖四十五年議設叅將一員駐劄南頭兼理惠湖萬曆四年題定止防廣州統兵二千餘艅艎八十艘常駐新安遇汛出海東自與寮港接碣石汎地西歷大鵬佛堂橫琴三

竈至三角洲與廣海汛地相接廣海虎頭兩汛皆屬其節制又設中權二部水軍隸廣帥下駐三門與相策應議者曰日本諸島入寇多自閩趍廣柘林爲第一關宜會兵以扼之過此必越屯門鷄栖佛堂門冷水角老萬山虎頭門諸處而南頭爲尤甚東莞有備則不得泊矣又西必歷峽門望門大小橫琴零丁洋仙女澳三竈山九星洋諸處而浪白澳爲尤甚香山有備則不

得泊矣又西必歷崖門寨門海萬斛山硇洲諸
處而望峒澳爲尤甚廣海有備則不得泊矣此
昔日備倭之說也
國朝厚集防兵于碣石虎門而南頭不復置戍焉
大鵬所城四面皆山洪武二十七年千戶張斌
築周三百二十五丈雉堞一千一百門三康熙
十六年八月颶風城樓雉堞皆傾知縣李可成
修復自新安至大鵬沿海皆鹽田西鄉混州屯

門爲尤多

梧桐山在邑東四十里多梧桐異卉

龍躍嶺在邑東南五十里

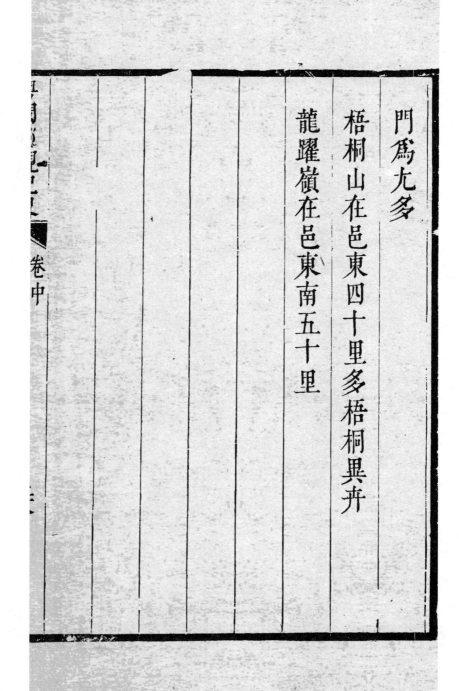

粵閩巡視紀略

經筵講官工部尚書臣杜臻述

乙巳登陸行六十里止平山驛

丙午行三十里至白雲又三里至橋嶺又三十里止鵞哺

惠州府屬縣九濱海者二一曰歸善曰海豐元年畫界自大鵬所歷西鄉凹等境山下村小桂村石灰山鱟殼逕仔山長山仔村金坑松園港淡水圍九里村長潭村龍古井村南前村烏栖塘村煖水湖村松

山下村楊山村楊公逕陳田村澗背村白雲墟
欄盤寨烟岡寨稔山墟飯羅岡大浦屯鐵涌墟
溪背村官田村盤圓口黃浦墟至雙園村爲歸善邊邊界以外
距海二十里者蒲田燕門舊村西村甘泉蕉坑
雙羅溪林坑十五里槁木洞後壠十三里蕉子
坑十二里官埔十里貴到河潭赤沙巽寮思鹽
臺碧甲長子仔田寮鴉雀舖遊魚灣東坑水津
園龍眼岡竹園墩山仔頭蕉子園上葵坑雲嶺
古埔崋及附海七八里至一二里潮陽村等沙橋

湖下涌頭崗仔香涌老鴉山土灣大墳陂官溪
大康小逕太平嶺岩前白岡西鄉石井上角沙
頭下涌轡頭山鹽竈山頭船凹中興宜富山小
漠園欖涌林軍寮竹園埔元宵圍大嶺蒲菜轡
南坑新村仔新尾石橋復興凹石頭嶺石陂坑
小門寨小桂凹舊村高埔沙凹嶺凹橫岡峯背
洞內西涌港尾桔子莇赤山白花尾蓮麻坑大
莇東坑解葵坑大水坑逕口大河渡鴨轡高尾
田坑松園村田
寮夫子嶺古寮
俱移并續遷共豁田地八十頃
有奇于平海置重兵盤圓口諸處因界設守展
界稍復今從惠州營撥守諸汛
大鵬所守備一
把總一兵三百
名五逼嶺五名鹽田臺千總一兵三十名大梅
沙五名少梅沙五名鴉梅山五名關湖把總一

兵二十　西山五名水口五名黃坑五名老大鵬把總一兵三十名墪頭港十名白雲十一名稔山千總一兵三十五名平海所都司一守備一兵一百八十九名盤圓口千總一兵三十三名小漠　候閱定五名

過白鶴峰有蘇文忠公軾宅遺址及豐湖諸勝

按軾紹聖元年以端明殿學士追一官落兩職知吳州行至當塗責授寧遠軍節度副使惠州安置以十月至惠寓居合江樓作詩云海上葱曨氣佳哉二江合處朱樓開蓬萊方丈應不遠

肯爲蘇子浮江來葢樓爲一郡之勝西江龍江至此而合西流以出虎門也尋遷嘉祐寺明年復返始營白鶴居有詩云今年復東徙舊館聊自憇已買白鶴峰規作終老計長江在北戶雪浪舞階砌青山滿墻頭鬌鬜幾雲髻今已作道觀矣然詩中景物猶可想見觀有井亦蘇公鑿有待鑿平江百尺井要分清暑一壺冰之句自注營白鶴居鑿井深四十尺而得泉云其旁有

翟秀才林行婆居址翟秀才者名逢亨性至孝博洽羣書郡人號爲翟夫子林行婆即與浮杯荅語者見傳燈錄作麦行婆二人皆軾所甚重嘗有暮出詩云林行婆家初閉戸翟夫子舍尚畱關又有過西隣翟秀才家詩云繫悶豈無羅帶水割愁還有劍鋩山觀此則二人之襟抱亦可見矣去觀稍遠有香積寺軾所時游嘗寫之白鶴故居圖中懸泉百仞三山遶之三山者大

北山象頭山白水山也軾以爲羅浮之東麓有三山屏擁僧舍小一溪雷轉松陰凉之句豐湖去郡城八里橫槎水自北注之其間有瀲玉灘點翠洲明月灣雜花島陳偁領州事時所築軾尤賞愛嘗有新年詩云海國空自暖春山無限清冰烟紛瘴雨雪菌到江城更待輕雷發先催凍筍生豐湖有藤菜似可敵蓴羹自注云豐湖有臙脂藤味滑美類蓴也軾侍妾朝雲死遂葬

之湖上今墓猶存旁有六如亭取雲臨終時所誦梵偈云軾在惠又有憶舊詩云合浦買珠無復有當年笑我泣牛衣自注家白鶴峰下悼懷同安君故有牛衣之句蓋是時軾妻已先亡而貧困以爲不若漢王章得罪而妻子徙合浦反得致產百萬也再考白鶴之居以紹聖四年三月成四月責授瓊州別駕昌化軍安置拜命即行得安居者僅七十二日焉紹興三年虔賊周

十隆陷州城盡燬官民廬舍獨雷軾居致奠而
去其見重如此
平海所洪武二十七年指揮花茂築周五百二
十丈雉堞二百八十
梅蟠者元豐八年舉進士多才博學授廸功郎
鄉人稱爲梅夫子今地名有大梅沙小梅沙或
其後人所居也唐庚有贈梅夫子採藥行
飯籮岡洪武間設内外管理巡檢司後移黄浦

墟碧甲山亦有廵檢司後移淡水墟
船澳文信國移軍表求入朝處
丁未行四十里過羊蹄嶺仄徑斗絕險過大庾約
十里而得平壤又八十里止海豐
戊申行四十里過白沙又四十里次東海滘驛
己酉行七十里至燈籠山又五十里止碣石衛總
兵陳耀率甲士千人來迎遂登山以望羣山趨拱
盡于海隅諸島環之眞要區也

元年畫界自雙園村歷琵琶寨等境窩鋪村圓墩圍南門江村田寮下村羊蹄嶺鮜門港南門山渡頭陂青草頭東鄉西洋鋪丁張龍鄉黃嶼鄉大德鄉埕前鄉長福橋寮口鄉後湖鄉佛山鄉南埕鄉烏坎村南竈碣石衞上林鄉海峽北輋大蘇寮鹿欄上崗沙尾洲仔華埔溪上寮文昌鄉大寨後窩烏塗圍赤企仔下寮鄉東樟鄉前詹鄉至靖海所爲海豐邊邊界以外距海三十里三典寨牛扼寨海山港十里水尾寨東寨水尾上村圓墩寨汲水門寨出水村及附海五六里至一里黃家村等新寨駱坑寨新西寨淤牛坑大坑寨牛朗寨新逕寨蕭嶺上呂

寮中罟寮下罟寮俱移并續遷共豁田地三千二百四十頃有奇因界設守展界稍復今從碣石營撥守諸汛小漠港十名鯆門港把總一兵五十名謝道山十五名梅隴坡千總一兵五十名青草頭西臺十名青草頭東臺把總一兵二十五名長沙臺十名馬鬃山十名墩下寨守備一兵二百五十一名扁湧湖把總一兵三十名大帽山兵十名捷勝所遊擊一千總一兵二百五十五名白沙湖把總一兵五十名娘岩山五名大魔山五名大德港西臺兵二十名犬德港東臺把總一兵三十名南海下灣五名南海上灣五名烏墩港西臺千總一兵五十名湖東澳東臺千總一兵三十名海甲山五名甲子港把總一兵二十名蘇公澳五名圭湖墪五名烏墪

港東臺千總一兵一百名小城汛三十名觀音堂五名崎石港三十名田尾寨把總一兵一百名滴水墪五名三洲墪五名湖　侯閱定東港西臺把總一兵一百名

五坡嶺在縣北二里宋景炎戊寅文信國自潮陽走海豐至此方作食爲元千戸王惟義所獲正德丙子提學副使章拯于其地建表忠祠祀信國以鄒㵯陳龍復劉子俊杜滸蕭明哲張唐熊桂林奇吳希奭陳子全徐榛蕭資從祀皆行府僚屬也

碣石衛城在縣東一百二十里孤懸海表城西南五里即大海洪武二十七年指揮花茂建周一千一百二十丈雉堞二千二百六十二敵樓四樓下闢門康熙八年重築城外有旗峰山山狀如旗半枕海上西南彝入貢望此爲表識峰下有桂林書院故爲永興寺廢而改作

海豐所在縣署

捷勝所海島也在縣南八十里土名石獅頭施

公寮諸村稅二頃有奇城去海二里洪武二十
八年千戶侯良築周四百七十二丈雉堞九百
四十敵樓四樓下闢門
甲子門所在縣東二百五十里洪武間千戶盛
玉築城周五百九十丈雉堞一千一百八十敵
樓四樓下闢門城西有西峰書院提學魏校毀
西峰寺改建城下有甲子門水兩山夾石莖港
北接大陂溪龍江諸水入于海海口有大石壁

立上下各刻六十甲子字故名其傍有奇石十八人呼爲十八學士石宋景炎丁亥端宗自閩航海駐此舊有廵檢司在石帆都

長沙海戶在金錫都一名麗江合大液小液龍津赤岸諸水入于海有大金籠山雄踞海口宋端宗嘗改名金龍

謝道山在縣南二十里志作射道大魔山志作大磨娘岩志作娘岡

梅隴海島土名燕洲蛟寮新圍王公諸村稅十三頃有奇

墩下馬頭有城周一里近扁漏湖去縣五十里其海島土名南湖東坑門烏岸汕頭浪漏諸村稅二頃有奇又墩東海島土名蛋家宮埞坦浩洋諸村稅二頃有奇

大帽山土名黃厝寮稅十頃有奇

大德汶土名南海諸村稅四頃有奇

烏墩海島土名深田湖沙墩諸村稅三頃有奇
三洲湖東港海島土名湖東海仔等村稅二頃
有奇
甲子門東有海島土名深澳諸村稅約一頃以
上諸島俱有陸路可通
鮜門港口廣可半里去縣六十里
大德港口廣可半里去縣一百一十里
異物志南海多鯨鯢伐林邑時得鯨頭于海嶼

如數百斛圖頂上一孔大如甕俗以爲珠穴又
有瓌雷魚大一丈生子朝出食暮宿母腹入從
臍中出從口中腹有兩洞貯水養子一洞容二
子又有鰓魚南越謂之狼藉魚長二丈背長六
尺廣三寸左右生齒如鋸又有黃雀魚每八月
化爲黃雀十月入海爲魚
己酉行七十里至長青寨又四十里至龍江堡又
四十里止惠來所過村落炷香結綺迎導甚盛

潮屬九邑附海者五惠來其西境也稍東爲潮陽而揭陽在其內其東偏之地牙錯潮澄間者亦遷又東爲澄海郡治在其內去海稍遠故附郭之海陽無遷又東爲饒平過分水關即閩界矣元年畫界自靖海所歷洪橋小黃岡田心寨至神仙寨爲惠來邊邊界以外附海八里至一里湖邊鄉等後衡寨前林村西莊村菓山鄉下潮鄉後陳村驛後鄉後湖寮石塘驛東洋寨蓋皆移并續遷共豁田地八百三十七頃

有奇于靖海所諸處因界設守展界稍復今從
惠來營撥守諸汛湖仔墩五名神泉港東臺把總一兵二十名神泉司把總
一兵一百九名澳角山五名溪東山五名茭椶
山五名沿錫山五名東山五名後池山五名湖
口港五名大架山五名石牌澳十名靖海港東
岸千總一兵二十名靖海所把總一兵一百四
十二名後表山五名小黃岡寨
把總一兵九十名茀洋五名
侯閱定
邑設于嘉靖四年先爲潮陽縣之惠來諸都以
去邑治遠甚吏不能理遂于其地設縣割海豐
之龍溪諸都以益之治洋尾

金剛髻山去縣七十里尖峰秀拔漁舟歸海上視以爲準

靖海所城在大坭都洪武二十七年百戸董聚建周五百五十丈舊隷潮陽嘉靖三十二年改隷惠來久廢址存

神泉港在縣南十里昌山之陽中有大石潮沒而汐見人謂之石龜舊設神泉巡檢司因苦海寇官兵寄寓他所民居蕩析嘉靖三十三年分

廵道尤瑛令知縣林春秀築城周三百丈曰神泉澳城今廢又南四十里有赤沙澳沙堤可蔽海濤海艚多泊于此

庚戌行七十里至武寧驛又二十里至小黃岡又三十里渡練江海口過海門所又二十里次潮陽

辛亥行三十里至達壕海島登最高峰陟峻坂五里許始至極巔一望大海浩汗無際諸洲島潢漾其中更有遠峰如簪如髻乍明乍滅于重山之外

卽南澳諸山也欲仍返潮陽宿會大雨止桑田

元年畫界自神仙寨歷古埕村等境海門所桑田山虎頭石井寨山祿景山至洪岡山爲潮陽邊邊界以外附海

四里至一里鳳山上下寨等西蘆寨祿景舖赤水寨竹林寨海田寨華陽寨桑田寨及達壕埠海島俱移并續遷共豁田

地七百六十頃有奇于海門所置重兵因界設

守展界稍復今從靖海營撥守錢澳諸汛河背砲臺千總一兵三十二名猷灣砲臺把總

一兵三十四名錢澳五名岡頭五名又從潮陽

營撥守徑門諸汛徑門五名徑門口五名東山口五名後溪十名蛋家宮五名龔箕灣五名華陽臺二十名石井千總一兵八十名門闢臺三十名南砲臺四十名河溪口十名桑田堡把總一兵四十九名竹林二十名又從達壕營撥守二汛河渡門四十名磊石門四十名候閱定

自洪岡歷深埔山至鄒堂山爲揭陽邊邊界以外附海八里至三里雙港等土尾鄉大蓮鄉石港鄉青嶼鄉大寮鄉塔岡鄉鐵場鄉後田鄉仙埔鄉楓鄉鄒堂鄉俱移并續遷共豁田地八十六頃有奇于鋪前河置重兵因界設守展

界稍復今從潮州營撥守諸汛北砲臺把總一兵五十名青嶼把總一兵五十名侯閱定

水經注員水又東南一千五百里入南海東歷揭陽縣王莽之南海亭也今縣西北有揭嶺意爲漢舊治晉義熙間分揭陽立潮陽治臨崑山韓文公爲刺史還治棉陽即今所也揭陽至晉時已省宋復立于玉窖山

海門所洪武二十四年設二十七年百戶蔡春

遷今所更名海門旁有錢澳山石壁鐫蓮花峰
三大字萬曆六年遊擊金丹于此設蓮花營駐
水軍以防寇

達壕埠海島也籌海圖作達頭埔在潮陽澄海
之間西與潮陽之招寧廵司招收塲諸境相接
止隔一河其河之南口曰河渡門北口曰磊石
門兩口俱隘止容一海艚入去潮陽邑治三十
里周六十里有赤岡寨青林寨籌海重編作青藍寨下尾

寨圓山尾渡頭鄉白沙溪頭杉寨下穢茂洲西墩割頭沙蒲松子山湖仔割洲澳頭諸村民稅八十七頃萬曆間海寇林道乾營巢于此名曰華美遷界時棄不設守有海寇丘鳳者據之十九年討平始設重鎮焉

大忠祠在潮陽東雙忠廟之左祀文信國章熙記曰公屯潮陽時有盜陳懿劉興數叛附爲害公誅興攻走懿則潮陽實蒙公惠德一宜祀公

謁雙忠廟作沁園春詞悲歌激烈則東山乃公
忼慨矢志之所二宜祀公由潮陽西奔五坡嶺
被執復返潮陽見張洪範秉義不屈則潮陽爲
公窮阨仗節之地三宜祀弘治丙辰邑令姜森
復建雙忠廟祀唐張許二公亦曰靈威廟始于
熙寧間有軍校鍾英奉遣入京道經睢陽夢神
告以遺像處命持歸立廟于東山覺而求之寢
殿後果得銅像十二銅輥二遂持以歸言于有

司而立廟焉天順間嶺寇薄城望見空中車旗憚不敢逼後又有漳寇尋破滅捕得生口自言若有物禁其手握兵不能動屢著靈異廟貌日新

壬子行一百十里次潮州府登東山謁韓文公祠

海陽縣元年無遷三年續遷豁田地二百七十八頃零村名不錄

文公祠在縣治東山上卽名韓山頂有三峰形

如筆牀韓文公守潮嘗于此作亭曰東山亭後人因名之曰侍郎亭而作祠于其旁有文公手植橡木二本號爲韓木郡人以其花之多少卜科第之盛衰竹坡詩話載宋學士王大寶贊并序畧曰亭隅有木虬幹鱗文葉長而傍稜相傳爲文公所植人無識其名故曰韓木舊株既老類更蕃滋移植輒死遇春作華或紅或白簇簇附枝如桃狀而小贊曰名公之棠孔明之柏既

咏勿剪且歌愛惜瞻彼韓木是封是沃匪木之賣德化惟服宋陳堯佐劉允楊萬里皆有詩

韓江在韓山下源出汀贛會于三河合產溪九河鳳水過鳳栖峽經鱷溪至于江經老鸛洲分流爲三入海江遶郡東門外有湘子橋過橋郎韓山也東湖又在韓山之後按憲宗元和十四年迎佛骨入禁中公上表極諫帝大怒將抵以死裴度崔羣力救得貶潮州刺史明年三月至

潮七月羣臣上尊號大赦十月準例量移袁州
首尾在潮七月耳今潮人家弦戸誦皆文公之
教盛德入人之深如此
鱷溪一名惡溪有鱷魚四足黄身修尾其形如
鼉似龍無角似蛇有足口森鋸齒其運尾猶象
之運鼻尾有三鈎極利遇人畜以尾戟而食之
生卵甚多或爲魚鼉之屬文公知潮州以一羊
一豚投谿水爲文告之是夕暴風震雷起谿中

數日水盡涸魚徙六十里宋咸平間陳堯佐通判潮州有硫黃張氏子與其母共濯于谿濵鱷掉尾鉤子去母號呼求救已不能及堯佐勑二吏操綱捕之吏投綱得鱷重不能舉更集百夫曳而出之箝其喙械其足車載而斮之于市鱷患遂息堯佐作戮鱷魚文世亦傳之此如禱蝗捕蝗各以誠感不必一術也

文公在潮嘗與僧大顛游處顛生而神異齠齔

時依止慧照元和間得法希遷歸立禪院于潮陽之靈山出入猛虎隨行手植荔枝千餘株以銅壺灌之皆遍文公與孟簡尚書書云有一老僧號大顛頗聰明識道理故自山召至州畱十餘日因與往來後愈以祭神至海上遂造其廬及去畱衣服與別長慶中顛示寂或啓其墖惟見一鏡外集又載公與大顛三書舊本無之至宋元祐七年始出注云唐元和十四年刻于靈

山歐陽公集古錄收之而蘇子辨其非是朱文
公又篤信之而黃東發以爲不然近世予同里
蔣之翹辨之曰按書末題云吏部侍郎潮州刺
史公以刑部侍郎貶召還久之乃遷吏部不應
此時即稱吏部定係僞作予謂三書爲僧家所
藏蓋刻于公去潮之後僧家無識紀遺書之歲
而署後日之官遂若可疑實無足怪也三書文
筆絕高簡當以朱子之言爲正靈山去潮陽邑

治二十五里有卓錫泉及大顛禪院至今猶存

公有左遷至藍關示姪孫湘詩云一封朝奏九

重天夕貶潮陽路八千欲爲聖明除弊事肯將

衰朽惜殘年雲横秦嶺家何在雪擁藍關馬不

前知汝遠來應有意好收吾骨瘴江邊靑瑣高

議載湘字淸夫公之姪也有道術能頃刻禁花

使開一日戲于公前聚土覆以盆舉之得碧牡

丹二朶葉有小金字卽雲横二語也公不解所

謂後以謫行始悟前語遂足成此篇酉陽雜組
亦云按史公從子老成乃兄弇之子老成生子
二長湘字北渚登進士第爲大理丞次滂未仕
而卒集中明云姪孫而訛以爲姪況湘登第在
長慶癸卯後公遷謫四年豈旣學仙而復入仕
乎至花中顯字之說鄙俚荒誕益不足言矣惟
公又有曾口示湘詩而曾口在今曾城縣則湘
之從行入粤甚明藍關舊注以爲嶢關蓋即杜

甫詩所謂藍田關也公赴謫諸詩自道傍挨以下前後次序班班可考其云知汝遠來蓋公先行而湘復自後追及也今惠潮之間有藍關往來題咏甚多乃襲詩中語而爲之者尤足一噱黃佐粵志止載湘子橋之名而藍關及湘子學仙事皆不錄甚是

公瀧吏詩云州南數十里有海無天地颶風有時作軒簸眞差事贈元十八詩云峽山逢颶風

雷電助撞捽蓋粵人多苦颶風也作時無物不摧謂之鐵颶土人多作地室以備颶每將至天脚有暈如半虹粵人謂之破篷亦謂之颶母子瞻颶賦所謂斷霓飲海而北指赤雲夾日以南翔者是也既見此徵則天地改色海水自鳴禽鳥啾沸畜產犇駭土人倉皇徙炊器及薪米食物挐家走入穴中聚首屏息不敢出氣居久之而颶乃作但聞木石器物相撞擊于空中聲如

雷磤蓋其所居室及室中所有大率毀敗矣颶初起嘗于東北既乃極于西南謂之蕩西亦謂之廻南三晝夜乃已穴中人度颶且已乃敢緣梯徐上探首出穴外察颶果息始復出治室屋以居焉子瞻賦云夜捫榻以九徙晝命龜而三卜又云理草木之既偃葺軒楹之已折情景亦略相似也字書從風從具謂具八面之風今粵人讀如貝音

公南食詩鱟實如惠文骨眼相負行蠔相粘爲山十百各自生蒲魚尾如蛇口眼不相營蛤卽是蝦蟇同實浪異名章舉馬甲柱鬭以怪自呈山海經鱟形如惠文惠文法冠也舊說鱟眼在背骨宜作背按爾雅翼云鱟背有骨長七八寸如石珊瑚則作骨亦可鱟殼甚堅可爲冠亦可屈爲杓尾可爲小如意燒其脂可以集鼠性畏蚕蝥之立死暴日中不死隙光射之立死蠔卽

牡蠣初生如拳漸長至一二丈巉巖如山每孔有肉潮至孔開吸小虫食之粵人多用其殼以壘牆蒲魚一名鯆魚粵人多食石蛤一名山鷄味甚美然退之又有寄柳州食蝦蟇詩云予初不下喉近亦能稍稍似不無小異耳章舉有八脚形如烏賊而大亦曰章魚粵人用薑酢煠食味同水母馬甲柱舊注即江瑤柱也詩又云惟蛇舊所識實憚口眼獰開籠放其去鬱屈尚不

平本草言嶺南人截蚺蛇肉作鱠以爲珍味今盧亭蜑家岐黎之屬猶噉蛇云

公在潮時有趙德者攝海陽尉公特與友善令督州學生徒即拔公所謂潮人初未知學公命趙德爲之師者也及將移袁州欲要與俱行德不可而止公作長篇贈之畧云不謂小郭中有子可與娛心平而行高兩通詩與書又云相期風濤觀已久不可渝又嘗疑龍蝦果誰雄牙鬚

按水經注滕修爲刺史鄉人語修蝦鬚長一尺修以爲虛其人至東海取蝦鬚長四尺修始服所謂龍蝦也叚公路北戸錄云海中有大紅蝦頭可爲冠鬚可爲簪杖劉恂嶺表錄云紅蝦大者七八尺至一丈

元年畫界自鄒堂山歷蓮塘山等境蓬州所鷗汀背南洋外沙南洋寨樟林村洪溝村仙村鹽竈村至驛邊村爲澄海邊界以外附海三里小坑村等乾崗村白頭村新寮村大塲天港玉井石

城頭夏止鮀浦蓮塘村皆移并續遷共豁田地五百三十
五頃有奇于鷗汀背諸處設重兵因界設守展
界稍復今從澄海營撥守諸汛小坑五名溪東港二十三名蓬
州所守備一把總一兵一百四十三名西港七
名東港九名鷗汀背千總一兵三十三名新港
二十名外沙把總一兵十九名南港十七名東
湖砲臺六名三灣把總一兵十一名平湖十六
名南洋都司一千總一兵二百七十八名山頭
把總一兵十六名東隴臺把總一兵二十六名
樟林守備千總一兵二百七十候閱定
八名鹽竈臺把總一兵十八名
蓬州所城洪武二十年指揮花茂奏于蓬州都

下嶺村置所以通商彝出入之路二十七年移鮀江都西埕內三十一年百戶董典始砌石城周六百四十丈城樓四月樓四原屬揭陽嘉靖四十二年析置澄海遂改屬焉天啓五年知縣馮明玠重修

水寨城在縣西蘇灣都白塔寺北洪武三年指揮俞良輔築鑿池置水關西北通海可泊戰船池圍二百一十丈深一丈今廢鄒堂山昔有逸

士居此臺址尚存
小萊蕪山在邑東十里海中一名罾子山又前
二十里爲大萊蕪山一名雙髻山
鳴洋在南灣海中時有聲如雷鳴東則風鳴西
則雨
乙卯行四十里踰白石嶺又五十里過黃岡又四
十里止柘林
丙辰登鷄母嶼泛舟至南澳東望皆閩山矣是日

仍返黃岡

丁巳返潮州

元年晝界自驛邊村歷水磨村等境長富村市頭村黃岡江台埭大城所至分水關接福建境爲饒平邊邊界以外附海栢林寨等賴家下岱埔下岱上灣下灣上里鄉大埕鄉長美神前嶺後及海島井洲等皆移并續遷共豁田地六百一十五頃有奇于大城所置重兵因界設守展界稍復今從黃岡營撥守諸汛玖溪橋把總一兵二十名員頭

臺五名峙頭臺五名五塘港五名獅頭五名林
厝五名草尾五名下尾五名竹林十名橫山把
總一兵二十三名南碕十名大城所都司一千
總一兵一百六十四名上里尾十名紅螺山把
總一兵九名鹽樓山五名鷄母澳把總一兵九
名柘林守備千總一把總一兵一百六十名青
山十名鐵牛港把
總一兵三十名　候閱定

大城所在縣東宣化都鳳獅合山之下洪武二
十七年百戶顧實築周六百四十三丈嘉靖戊
戌重修增廓五十三丈

大尖山在縣東南百里峻如筆立爲高埕柵之

鎮其東大埕柵有鳳髻山左虎嶼右獅嶼相距半里許西大港柵有烟樓山（疏作鹽樓山）南柘林寨有紅旗山下爲柘林澳皆邑險隘四柵之中設大城千戸所其東南有鯉魚山又二里有紅羅山（疏作紅螺山）港通潮水蟠蜒四十里柘林在其南暹羅日本及海賈嘗泊巨舟于此

黄岡鎮城在饒平西南九十里宣化都去府城東南亦九十里正南去海十里嘉靖間知府郭

春震建城周一千二百餘丈門四　國朝順治十七年饒鎮總兵吳六奇重建周六百五十五丈高一丈三尺堅厚倍昔以黃岡溪而得名黃岡溪有三源一源出九嵕山南流五十里至縣東南兩山對峙爲河門一源出桃源山北流二十里經縣北城隍山一源出梅峰東北流二十里經縣南天馬山皆入于河門并行十五里至吳阬渟豬中有巨石如獅虎曰石溪又十里有

盤石中起一竅出溫泉曰湯溪流經燈埨溪會大榕小榕潘段三溪流十五里爲黄岡溪分爲三溪入于海有棲雲亭在鎮城之石壁山松筠蒼翠石洞窅冥羣峰環繞滄海在目一方勝槩也余散人所築自黄岡東南三十里爲大城所更十里爲柘林寨又東八里爲鐵牛港即閩界矣自柘林而南至南澳海程四十里自黄岡而東稍北二十里爲分水關

柘林寨嘉靖四十五年提督侍郎吳桂芳題設
指揮一員官兵一千一百七十五名兵船四十
五遇汛出洋後以倭警更益兵千餘
市頭鄉小洲也在黃岡西南五十里長十里廣
二里員頭鄉與市頭相接係界內
井洲鴻門皆海島在黃岡正南二十里周四十
里隔水半里曰石狗門
海山島在井洲東南隔水十餘里周四十里

大金門小金門在海山外無田土

下尾溪一名水寨溪邑南四十里有程洋岡宋哲宗時埸官李前于此鑿溪東行十五里至神山會水寨溪

南澳山界連兩省蜿蜒于潮之饒平漳之詔安綿亘二百里望之三峰如筆架下藏三澳曰深澳曰青澳曰隆澳延袤三百里田土饒沃舟楫爲路有鎮城南枕金山北控蠟嶼雲蓋揭其東

有古寺焉果老羊碍白牛鷄籠諸山迤邐而東散爲前江後沙西閣諸村又東則爲長沙尾南有白沙烏頭諸村設走馬舖戍兵所往來也西有內澳外澳及竹栖九閏諸澳則閩境矣有太子樓在城南旁有行宮故蹟宋少帝駐蹕之地也明王弼詩云疊石爲樓雲影平樓荒空有石崢嶸殘基草長陰狐嘯幽壑人稀野燐明少主覊魂悲海島孤臣忠魄遶殘營只今樓下潺湲

水似爲當年作怨聲有侍郎嶼宋陸秀夫後人家于此故名嘉靖間郡守葉元玉得陸氏遺譜于秀夫之裔孫大策兵燹之餘僅存二葉中云侍郎墓在南澳山青徑口又云公四子有曰繇者好漁獵被逐遂家于此及崖山之變秀夫盡驅妻子赴海而此支幸存其後子孫散處郡境云譜後有水村劉壎詩大策嘗訪其族人于海邊沙岡耆老引大策入左畔青麻園指其地曰

此學士館遺址也其蓮花石磉約丈許天井階闌亦第如故但青徑之墓則不知其處矣侍郎爲海州人大策家又藏有廣陵牡丹圖卷林霽山題詩云南海英魂叫不醒舊題重展墨香凝當時京洛花無主猶有春風在廣陵霽山亦宋末義士也洪武二十六年信國公湯和經理粵疆奏南澳爲倭藪請徙其人內地澳地遂虛閩志云成化問徙而糧額未豁正德六年知府譚綸奏以

廣濟橋鹽利抽補民便之自後海寇許棟許朝
光吳平曾一本等先後據爲窟宅而倭船之入
寇者盤牙雜處以互市爲名廣捕急則犇閩閩
捕急則犇廣匪茹糾結非復人境許棟者黄岡
人也自幼爲盜招集多人遂爲渠率無子養謝
氏子爲子名之曰朝光分所部授之令抄掠潮
陽招收𨞙諸處而身往外洋嘉靖三十二年棟
自日本歸朝光遮殺之石牌澳盡有其衆遂搆

巢澳中自稱澳長官兵莫能制當事屈意招撫令居海陽之闢望村朝光擁衆桀驁分遣其黨據牛田鮀浦諸海口商賈往來給票抽分名曰買水朝光居大船中擊斷自恣或嚴兵設衞出入城市忘其爲盜也時又有何亞八者與其黨鄭宗興王直徐銓方武潛引佛大坭國番船入寇三省皆被其毒三十三年提督侍郎鮑象賢定西侯蔣傳遣副使汪栢指揮黑孟陽等督兵

捕之擒亞八于三洲銓武宗典次第授首于栢林諸處邊患少息明年許朝光爲其黨陳滄海所殺三十七年倭據黃岡海寇許老等挾之爲亂瀕年不止四十二年倭復大至衆號一萬明年繼至者又萬餘提督侍郎吳桂芳調狼土官兵四萬五千福兵一萬五千以伸威營總兵俞大猷副總兵湯克寬總領之相持兩月賊不得野掠少困官兵一勝之濊水神山再勝之大德

港又會颶風三日倭艅自相撞擊覆溺幾盡而
海寇吳平起倭之敗散也餘衆不能軍平收而
有之退保南澳搆巢以居流突神山古埕諸村
及漳之懸鐘事聞勑兩省協勦總兵戚繼光都
司傅應嘉率兵深入搗其巢穴平乘小艓遁去
或見其死于海島抱枯樹成槁腊焉而曾一本
復熾曾一本者詔安人吳平之部曲也險狡多
智數自殺叅將繆印遂不可制總兵俞大猷使

人誘降欲生致之一本覺其意因借以愚大猷挾大艘六十直趨大鵬一把總察其意色非是言于大猷大猷始倉皇修戰備陳未定而賊發投火爇官船俱盡一本遂縱掠直抵廣州題詩海珠寺壁以誚大猷揚帆竟去隆慶三年廷議特簡兵部侍郎劉燾總督福建兩廣以討之燾至會同閩撫塗澤民粵撫熊桴遣總兵俞大猷郭威李錫叅將王詔等相機撲勦連勝之銅山

懸鐘蓮澳一本手爇砲以擊官軍砲炸墮指并傷其足遂被擒伏誅其餘黨林鳳林道乾等猶綿延不絕鳳爲官兵所逐走呂宋攻其玳瑁港破之築城以守治戰艦勾番人爲入犯計萬曆二年閩撫劉堯誨偵知之遣人馳諭呂宋國主發兵討捕鳳勢大挫遁入廣澳總督侍郎凌雲翼檄總兵張元勳副使趙可懷擊之碣石破之又敗之淡水洋鳳遁走不知所終而林道乾遂

據南澳與其黨朱良寶魏朝義莫應敷寇鈔諸路無虛月官軍搜勦急道乾走交阯良寶據南洋總兵張元勳用攻車陷其壘良寶死于是總督侍郎殷正茂會同閩撫堯誨請設重鎮于南澳外以奪海寇之巢内以絶接濟之路左以伸閩之臂指右以固粤之門戶又可以興屯田開海利朝議然之遂設協守潮漳副總兵一員領戰船十三兵六百餘名令于南澳要地創城池

建營屋以居粵之柘林閩之懸鐘皆聽其節制責令兼防兩省往來討逐無以寇氛流逸爲解此鎮城開設之始也萬曆四年總兵吳繼芳建城周五百丈高二丈二尺門四自設鎮之後兵民安處生聚殷富寇氛偃息比于內地而竝海諸汛亦得息肩矣萬曆二十年粵帥陳璘巡歷至其地見地力未盡課民種樹璘捐貲先種松苗四萬杉苗三萬以倡之官民因而踵成數年

之間蔚然葱茂民居益稠有南澳種樹記見志
中時有章熙作南澳賦曰相彼南澳爲潮邊幅
環大海濵枕金山麓浪澎湃而作聲潮旁午而
拖綠淼淼冥冥天連日沃元元寞寞魑形鬼物
冰岸橫飛雪崖磅礴烏巖如礐之堆白沙如練
之東後宅如屛之張長尾如釜之覆淄頭前錢
竹栖獵嶼左輔右弼灣灣矗矗大小彭山又有
萊菔金山岐山遠近側目黃芒陳岐杳冥元谷

柘林樟林蒼蒼鬱鬱九闓洋嶼白牛西閣平原
曠野水暖土沃可耕可獵有禾有穀先種後熟
則謂之稑有實無稊則謂之秫涯巖紫菜可當
采蓄燕窩藻粉不盈一匊至若海錯尤難枚舉
阿羅一首十身如許鰼身十翼鱗有毛羽鱟牝
負牡鮨腹有子豚膏可燃命之懶婦白鯊吹沙
又云射鮒烏鰂噀墨水黑如霧方諸珠垂車螯
肉吐帶殼玳瑁珊瑚火樹將軍大帽龜脚鷄距

更有鹽埕曳白如布網析雨零如杙置兎徵其槽漏可充外府是山海之在南服也不過一勺之水一覎之土昔天兵之下閩廣也罙入其阻誰敢予侮是故大國小邦外趨內附呂宋琉球南金大賂占城暹羅隨波飛渡佛齊闍婆勿敢互貿眞臘彭阬疾馳如鶩粵自棄捐爰嘯其旅蕞爾丘墟不隸疆圉是以日本倭奴西番醜虜猖獗憑陵跳梁跋扈據爲巢穴孳育狐鼠有林

道乾寨依可渡許朝光巢隆澳深處有曾一本
薙草盤踞蟂蟂蟊賊蹦偕嚨㲉胠篋探囊膾肝
啖脯潢池弄兵洪濤駕檣凡我元元荼毒何苦
臺府奏聞聖皇赫怒授鉞元老奮揚厥武剪其
巨魁勦其終怙滅竈剗壘魚遊鼎俎石畫廟籌
肇開總府相度土功版築百杵巍巍金墉礱礱
礡礎高高牙纛森森什伍礙日蚩吻連雲棟宇
舳艫帆檣環匝鈎瑣千倉萬箱峙積粻糈招集

流携惠通商賈島蠻膽寒喙息傴僂童童桑佰芃芃苗黍濟濟青畬亦知藝圃昔為獍巢今變鄒魯海不揚波功豈小補

附瓊州府轄三州十縣中有五指山乃黎岐所居而州縣反環其外惟定安居中餘皆濱海勢不可遷但即濱海之村畫界禁民外出自海口所歷龍岐村與仁村調塘村演順村至豐華村為嶁山東畔邊自那豆村歷溪尾村雲樓村林梧村茭塘村潮灘村抱凌村沙

港村南海村南
硿村青一村
至邁陳村爲文昌邊自馮家村
歷檳榔埇
排田村官塘村嚴村沙笼村山墩村
歐村雙萬水村龍灣村舊地村苗美
園村教村草塘村
潭門村斗牛村
至舊縣村爲會同邊自營內
村歷頭稍村
得環村後埇村多坭岐村古留村
招撫村竹仔羅東邊田村西邊田
村下坡村嶺村黃枝塘村下
落尾村油潭散村買礪村
至沙尾上村爲樂
會邊自南港村歷多格村
青山營馬容村橫山
村栗鬼村港北村那
落村排田村青頭仔村梅籬村翁墳村大塘村
番蘭村烏塲村下坡村上坡村草洋村保定村
南道村烏泥村新潭村
長山村東澳村龍保村
至芋前村爲萬州邊自

南海村歷舊淩水村烏石村楊梅村伽葉村田
頭村獨嶺村港波村多輋
村多謀村黎奄村後嶺村祖客村嶺仔至土崛
村大墩村桐棲村鹽竈村番村鷹秋營
村爲陵水邊自抱駕村歷竹科村墩藺村港頭
村老孔村老
麥村番人塘汙山村窯爐村溝赤陶村赤面村
黃流村望樓村容村樂羅村新村九所村十所
村羅馬村四所村鹽爐抱臘村五都鹽樓保平
港大小蛋村西廂崖州城玉皇廟官道新村多
奧村多拋村黑泥村打保村三亞營港沙尾村
董隆村多岸村荔枝村小橋營官道白沙屯村
中間爐莊頭村康魚塘村竈上村至土庫村爲
藤橋營三丫村南港村窯竈村
崖州邊自北黎村歷三所村十所村高排村蛋
村踏田村深田村

至海棠村爲感恩邊自水牛塘村歷哥來村小園
村烏沙村蛋塲村中間村居根
村英根村沙村四更村馬嶺村至孽障村爲昌
化邊自里赤村歷留村頓積村青豪村英田村
神埇村買龍村鄧屋村
零山村握埇村東岸村港坊村沙蘭村權頓村
南吉村東塲村魚骨村水井村地村新坊村白
沙穴村楊市村林屋村峩幔村下埇村鹽丁村
新英港村滴灘村沙地村赤海村南源村馬蘭
村陳村公塘高山村那烟村羊會村荇村千埇
村丘黃村三家村鹹塘村牛浦村纙車村海踼
村涂屋村水流村察坊村山村鹽田村燭石村
會埇村薛屋方村大井村村關村潭龍村南邊
村趙屋村黃姜村番浦村新地村新英村琵郎
村白沙村荇村藤根村寨村茂根村南莊村鎮

遠村黑石村打蠟村松明村沙溝村麥慢村頓色村打卜村頓樓村遠村誓村笋根村木龍村安海村至木萬頭村爲儋州邊自抱東村歷博早村沙螺村那嶺村坡地村多懷村卷蘇村居執村前南村王洪村至蘭林村爲臨高邊自蛋場村歷東水村石䃮村南楚村玉抱村至三墩村爲澄邁邊自小英村歷西場村白廟墩復至海口所爲瓊山西畔邊周環立界二千七百里惟海口所津渡往來如故自餘魚鹽小徑俱禁斷不行從瓊州營撥兵擺邊如內地候閱定

山海經離耳雕題二國皆在鬱水南漢武帝始置儋耳珠崖二郡元帝時罷孫吳置珠崖郡于徐聞地以招遠人竟不從化隋始開郡設十縣又置儋耳臨振二郡然元和志有之而隋書不載也惟誠敬夫人廟碑有賜臨振縣爲湯沐邑之語今崖州是也瓊山漢爲瑇瑁縣澄邁漢爲句中縣文昌漢爲紫貝縣感恩漢爲九龍縣隋大業中置昌化陵水唐貞觀中改紫貝爲平昌

尋又析置萬州臨機二縣今爲萬州臨高瓊山南境皆獠所居唐咸通五年遣辛傳李趙四將軍提兵擒黎渠蔣璘等遂定其地置忠州顯慶中復置樂會縣于黎黑村元將朱斌深入黎穴得峒六百復置定安會同二縣于唐忠州地

按史唐德宗時珠崖黎氏三世不賓嶺南節度使杜佑討平之蓋蠻獠之長故爲黎姓而後遂因之爲號云或曰蠻謂山曰黎以其人環居五

指山下故謂之黎亦作俚伊尹正四方獻所謂損子產里是也損子產謂食首產子蠻也里音黎在内爲生黎近外曰熟黎又有岐人即隋書所謂㐌也錯居黎中黎人之俗男子耕農射獵女子蠶桑織績居常以吉貝爲衣僅掩前後名曰黎埇椎髻額前女年及笄涅其面爲極細虫蛾花鷰之狀間以淡粟紋謂之繡面男子亦文臂股其富者男戴藤六角帽花鬘纏腰銀環綴耳婦人戴花翁

笠文領露胸加褁數重以五色吉貝爲之得中國綵帛折取色絲和吉貝織之爲黎錦黎單殊精好嘗飲石汁釀安石榴花爲酒地産香木其木類椿及櫸柳葉似橘花白子若檳榔大如桑椹交州人謂之蜜香取者先斷其根皮榦朽爛而心與節不壞沉水者爲沉香細枝堅實者爲青桂香半沉浮者爲鷄骨香形如馬蹄者爲馬蹄香麄者爲棧香有竹名箣竻爲弩極勁或云

出思牢國李商隱射魚曲云思牢弩箭磨青石繡額蠻奴三虎力是也然其音又轉爲澁勒東坡有詩云倦看澁勒暗蠻村即知爲瓊産矣又有小馬翠羽黃蠟之屬多爲服器所資與爲市者必因熟黎以通于生黎亦有食宿其家與通有無者然重約信取償必嚴大率歲加一倍一緡之逋累之十年即至千緡得負責者輒穽繫之用荔枝木關其頸以勒贖滿數乃釋其俗不

知禮義作木棧以居蒙之以茅形如覆盆人臥棧上畜處其下男女無别嘗以春月爲鞦韆會淫歌相挑兩相諧合卽爲匹偶父母不之禁也其送死鑿圓木爲棺卜葬以卵擲卵不破卽爲吉壤其村聚曰峒峒大者千家小者百餘家峒各有主父死子繼夫亡父代多有藏先朝文告者性兇悖好鬬木弓竹弦骨鏃無羽射必命中刀槊不去手小失意卽起而相擊刺驍健耐勞

苦騰踔險峻飄忽如風悍者或捕生蛇食之身
嘗蛇腥重報讐刻箭爲誓射着梁上雖易世不
除報已乃除將攻讐必先數日誓戒椎牛醞飲
共爲犬嘷自謂其先狗種呼之以冀冥助也其
合戰必令婦女從其後戰已婦女競出扶輿創
殘拾墜矢兩不相犯謂讐止一家傷婦女則婦
家亦爲讐益樹敵故不爲也地出奇藥傷者服
一丸立愈死者密瘞之妻子相戒勿哭惡得不

武名岐尤狠戾得內地人輒懸之以爲射的使少兒習射或烹食之葢其居益深去王化轉遠幾非人類也凡黎人岐人皆吏治所不及唐取黎地開忠州旋廢宋初用李承矩爲四州都巡檢使拊循得宜民彝安靖乾道間小梗卽用黎人王日存等招降之官日存爲承節郎子孫世襲五指生黎歸化者十餘峒由是峒首多王氏有王二娘者饒財而得衆心受封宜人爲三十

六峒主老無子請以女襲封許之慶元中通判劉漢初建社學勸率有方黎獠遣子受業終宋之世無大亂元初設黎兵萬戶府卽用峒長典兵與州縣爭權相軋遂以開釁而海南沓沓多事焉至元十六年用安撫使陳仲達言大發兵遣都元帥朱斌深入黎巢刻石五指黎婺得峒六百立安定會同二縣及萬全一寨而還居亡何居野峒賊起主簿譚汝楫討平之迨至順間

而黎獠王馬同王官福王六具先後叛攻陷會同樂會萬安文昌定安元統元年命參知政事完澤會兵討之澤至軍受賄取成罷兵自是元亦不振矣明洪武二年永嘉侯朱亮祖定雷州威聲遠振諸黎望風納欵獨樂會小踼洞未順命亮祖遣指揮耿天璧討平之盡革元人之弊黎官子孫不得承襲亂風少止永樂二年崖州太學生潘隆請身往招黎授知縣銜遣之招至

七方等八峒生黎八千五百人及抱有等十八村已而巡按御史汪俊民又言招黎當用同類改遣宜倫熟黎王賢佑銜命以行與之約熟黎隨產納稅一切徭役無所與生黎新附者免產稅三年于是諸黎接踵至招撫官率之以入朝皆優詔勞賜之歷宣德正統相繼不絕成化五年七方黎符那南叛都指揮王璲討平之後十年其族人符南蛇復起圍儋州昌化犯臨高上

命伏羌伯毛銳將十萬衆征之是時賊黨相連
結甚衆官軍戰數不利指揮何清沒于陣諸將
皆謂必先剪外寇乃可深入銳曰不然我先擣
其巢禽渠魁以令諸部誰敢不服所謂疾雷不
及掩耳者也遂進兵分軍爲三令指揮錢璋將
左軍當蓬墟抱吉指揮馬義將右軍當落基落
窖叅將馬澄由中道入越三日攻克新塲海田
頭寨符南蛇盡銳出戰中流矢赴水死餘黨悉

平嘉靖二十三年鷓鴣黎陳那任等犯安海指揮張世延戰死事聞命安遠侯柳珣將大軍駐雷州督叅將程鑒等進戰破峒二百七十斬首五千五百登黎婺山巓而還是役號爲大捷然官軍亡失亦多萬曆二十七年居祿黎馬屎叛總督戴燿遣遊擊鄧鍾討之鍾分兵入定泉水焦而身攻礇門克之遂定居祿獲馬屎斬首千八百凡此皆用大衆有戰功可紀者也其餘寇

鈔時有師亦屢出或無功或師退而旋聚不勝書粵人郎中吳會期給事鄭廷鵠都御史海瑞及總兵俞大猷參將黎國耀等先後建議畧言黎亂不止由于大創之後漫無經理向化之餘貪吏啓釁耳欲計久遠莫若開十字道以貫其中堅以道里計之南北自府至崖千里東西自儋至萬六百里爲距海直徑之數論其實自府南至沙灣三百里而遙自崖北至羅活三百里

而近久爲坦途度未開之路南北不過二百里東西則又少矣誠能相其溪壑平其險阻使官民往來周通四達則黎之險失而勢渙然後開設州縣置屯立戍輿圖所載有漢時樂羅縣址隋時延德縣址唐時臨川落屯縣址宋時鎮州鎮寧縣址皆在賊中不難循跡而復置也因拔其秀良被以文教禁挾弓矢以變其兇戾之習則黎人皆爲編戸而誅戮之慘可弭矣乃或以

險阻瘴癘爲疑不知黎境外若險阻內實坦平
田皆膏腴閩楚亡命多逸入黎中室家聚居耒
始以瘴癘爲苦也黎衆與瓊民較不過五之一
行之有漸自不患其跳梁議者之說如是予按
瓊郡地腴而民樸稻三熟蠶八綿不產狼虎而
有香藥文木之饒秀民挺生輝映史册明太祖
謂之奇甸非虛也獨黎人介處其間自外王化
要亦猶夫人耳非如異類之不可格也漢人初

開珠崕旋議棄之楊子雲曰珠崕之棄捐之力也不然將令鱗介易我衣裳葢其憎疾之如此今竟何如耶元立黎兵萬戶府用反側之人以備他盜假之兵權反使吏不得禁其召亂固宜明初用文告柔遠而得少安利害略可睹矣至于開道之議王文成公嘗用之平浰之後當時鑿龍南山腹數百里以穿賊壘商販度嶺走番禺者皆樂其徑直久之遂成康莊輪蹄既多伏

莽来絕成效可覆按也舊志嘗言黎婺山高出雲表人跡所不到疑為天仙化人所居然朱斌程鑒嘗登其巔矣烏睹所謂神怪者乎謂黎巢人不可至亦猶是矣略述歷代拊循征討得失之故著于篇俾後之君子得覽觀焉

四月癸亥朔

甲子賫明同學士臣石柱郎中臣張建績主事臣殷特總督臣吳興祚巡撫臣李士楨拜廣東耕種

防守事宜疏畧曰臣等會查得廣州惠州潮州肇
慶高州雷州廉州等七府所屬二十七州縣二十
衛所沿海遷界并海島港洲田地共三萬一千六
百九十二頃零內原遷拋荒田地二萬八千一百
九十二頃零額外老荒地三千五百頃零應交與
地方官給還原主無原主者招徠勸墾務令得所
外有欽州所屬之瀶洲吳川所屬之硇洲隔遠大
洋非篷桅大船不能渡仍棄勿開臣等宣布

皇仁百姓驩呼載道據州縣衞所陸續呈報復業丁
口三萬一千三百有零承墾田地一萬一百四十
六頃有零其丁口姓名及拋荒老荒開墾屯田鹽
田竈田分別細數應聽該撫造册另報照例起科
邊界旣開無篷桅小船筏子准其捕魚漁課鹽課
亦應照例起徵惟海禁如舊先因遷界沿海多設
墩臺今旣展復應將不緊要處兵丁歸併緊要處
議得欽州之龍門去州治五十里原係界外海島

小山交錯水逕周通可以行舟亦可藏舟爲全省西南門戸緊要此處多設水師可以兼顧欽州乾體而欽州乾體之重兵可裁應于龍門增設水師副將一員都司一員其欽州營遊擊一員應裁去其下守備一員千總二員把總四員兵一千十三名裁歸龍門乾體營遊擊一員應裁去其下酌裁守備一員千總二員把總四員兵九百八十七名歸併龍門共足二千之數以立龍門營防城界連

粵西交趾從龍門營撥守備一員千總一員把總四員兵四百名駐守即于其中分千總一員兵一百二十名防守王光十萬山如昔峒等處欽州應設城守從龍門營撥都司一員千總一員把總一員兵四百名駐劄即于其中分千總一員兵一百二十名防守烏雷海牙山港等處乾體營官兵裁歸龍門外尚餘千總一員把總二員兵三百七十九名仍畱本營即于其中撥把總一員兵一百二

十名防守冠頭嶺大觀港等處再從龍門營撥守備一員把總一員兵二百名駐劄永安所防守白龍城珠塲寨等處自防城以下四路官兵俱令龍門副將專管仍聽廉州總兵官統轄從石城營撥千總一員兵一百名守急水砲臺從雷州營撥千總一員兵一百名守樂民所再撥千總一員兵一百名守海康所再撥守備一員把總一員兵三百名守錦囊所再撥千總一員兵七十名守青桐流

沙砲臺海安所係渡海往瓊州之津口緊要現設遊擊一員兵一千名應仍舊即于其中撥把總一員兵一百名分防三墩白沙等處從白鴿寨撥千總一員把總一員兵二百名分防雙溪口庫竹渡海頭臺等處海安白鴿二營仍令雷州副將專管從吳川營撥千總一員把總一員兵一百五十名分防蘇斜限門等處從高雷總兵營撥把總一員兵五十名守茂名之那菉臺從電白營撥把總二

員兵一百三十名分防赤山港山後港河口砲臺等處自石城以下諸路仍聽高雷總兵統轄從春江營撥把總一員兵五十名守白額港再撥守備一員把總一員兵二百名守雙魚所再撥千總一員把總一員兵二百名守北津寨從那扶營撥把總一員兵七十名守陡門港從廣海營撥千總一員把總三員兵二百五十名分防橫山長沙圓山銅鼓角諸處從新會營撥千總二員把總一員兵

二百名分防崕門虎臂山外海嘴等處香山縣之
前山寨去澳門二十里在海邊緊要設有副將官
兵二千名應仍舊但向來止駐縣城未赴汛地應
量留都司一員千總一員把總一員兵四百名防
守縣城餘兵一千六百名及本副將應令移駐前
山順德縣係省會西南水路門戶緊要設有總兵
官兵三千名應仍舊自春江以下諸路仍聽順德
總兵統轄東莞縣之虎門寨在海口去縣六十里

係省會東南水路門戶緊要設有副將營兵五千
一百八十名應仍舊但向來止駐縣城未赴汛地
應令移駐虎門即于其中撥千總一員把總二員
兵二百名分防橫當砲臺山前砲臺三門砲臺諸
處從新安營撥把總一員兵一百二十名分防碧
頭臺嘴頭角南山臺北佛堂等處虎門新安二營
仍聽左翼總兵官統轄從惠州營撥守備一員千
總一員兵二百名駐大鵬所分防老大鵬等處再

撥都司一員千總一員把總一員兵二百名駐平
海所分防盤圓口稔山汛等處大鵬平海二路仍
令惠州副將專管從碣石衛撥千總一員把總一
員兵一百五十名駐墩下寨分防青草頭鮪門港
再撥遊擊一員千總一員把總一員兵六百名駐
捷勝所分防扁湄湖大德港烏墩港等處再撥守
備一員把總一員兵一百五十名駐甲子所分防
湖東港田尾山等處墩下甲子二路令捷勝遊擊

專管從惠來營撥把總一員兵二百名守神泉港再撥守備一員把總一員兵二百名守靖海所兼防小黄岡自撤寨以下五路仍聽碣石總兵統轄從海門營撥千總一員把總二員兵八十名分防河背砲臺猷灣等處從潮陽營撥把總一員兵五十名分防桑田堡等處達濠新設副將官兵三千名原非經制部議令于全省額內通融酌裁今經總督題留在全省額內裁去三千名以合原舊總

額查達壕雖係要地但在碣石潮州之間兩地各有重兵而達濠又置三千之戍浮多況現議設守南澳足以壯潮揭聲援應將副將及都司二員守備二員千總四員把總八員兵三千名裁去止留守備一員千總二員把總四員兵一千名改設遊擊一員以領之即于其中撥把總二員兵八十名防河渡河磊石門從潮州營撥把總一員兵五十名防守靑嶼海口從澄海營撥都司一員千總一

員把總一員兵三百名駐蓬州所分防溪東港鷗汀背等處再撥守備一員千總二員把總一員兵三百名駐南洋分防樟林鮀頭仔等處從黄岡營撥都司一員千總二員兵二百名守大城所再撥守備一員把總一員兵一百名守柘林寨再撥把總一員兵三十名守分水關自海門以下諸路仍聽潮州總兵統轄南澳海島離岸四十里係粤閩接壤之區全省海疆東北門戶扞衛潮漳最稱緊

要應設官防守但經部議令粤閩督撫提臣會議具題不便遽議俟臣等至閩會同將軍施烺于閩省議設兵防之日再議具題至于附近海島洲港既已給民耕種應聽地方官酌撥官兵防守自防城至分水關沿海防守兵丁共壹萬肆百名瓊州府孤懸海表轄十三州縣黎人居其內周圍二千餘里設有總兵官官兵四千六百餘名海口所北渡襟喉設有水師副將官兵一千二百名應仍舊

至邊海水師應設船隻聽該督撫另行議題所裁副將遊擊都司守備該督給文赴部候補千總把總畱于本省遇缺補用其添設龍門副將一員都司一員達壕遊擊一員聽部照例推補可也

屯田設于明初因明太祖初得金陵民無定居耕稼盡廢糧餉匱乏命諸將分屯龍江諸處自後漸推于天下廣東之制定于永樂二年大約每所設指揮一轄千戶五每一千戶轄百戶十

每一百戶轄總旗二小旗十旗軍百凡一百十二人爲一屯五千六百人爲一所其定額也然亦有一百戶而止轄旗軍七八十名者一千戶而所轄百戶或七或五或三者一指揮而止轄兩三千戶者每旗軍一名給田三十畝計其所入約米十八石令以十二石自養六石輸官爲操守班軍之餉小旗則每名給田三十三畝總旗又益至三十五畝而輸官皆止六石用以厚

之正統間復令每軍給種子一石每兩軍給耕牛一頭其更番之制以三分上班七分屯田上班哨守則又有每月月糧一石行糧四斗五升之給初制未嘗不善也其後日久廢弛官軍往往盜賣衞所腴田半爲豪民占奪所存荒瘠不足輸官枵腹掛名而已甚有田已去而軍籍存日久而逃其所賣之主以致不耕寸土而空輸每畝三斗之籽粒者本軍貧不能納則扣其伍

軍之月糧又益以官舍之賠累軍政遂以大壞貧軍困不能支請改折請丈量紛紛不已于是有水坍砂壓荒占逃失之籍量減科糧至每畝一斗參差不等國初盡罷衛所屯軍籍昔日之屯田領于縣官紛紜一洗然籽粒之征仍爲每畝三斗視民田數倍軍戶畏避逃竄日益荒蕪元年畫界瀕海者多在界外八年展復猶未盡開十年巡撫劉公秉政憫軍丁困苦疏請減額

照民田上則起科每畝八升八合八勺一抄見于省志今屯册所載猶用舊額未暇深考其遷移田土之數除墾復外現在給民者廣州左衛田地五十六頃零廣州右衛田地七十九頃零廣州前衛田地四十三頃零廣州後衛田地七十三頃零廣海衛田地六十五頃零新會所田地二十三頃零新寧所田地七頃零香山所田地一十四頃零南海衛田地一十八頃零東莞

所田地六頃零大鵬所田地一十五頃零碣石衛田地五頃零甲子所田地三頃零平海所田地一頃零潮州衛田地一十二頃零澄海所田地五頃零大城所田地一頃零寧川所田地一頃零雷州衛田地三十三頃零海康樂民所田地四十頃零已彙入州縣民田之中因分隸不定附載于此

洪武二十二年設廣東海北二提舉鹽課司廣東提

舉領十四塲曰靖康屬東莞縣曰歸德曰東莞曰黃田皆屬新安縣曰香山屬香山縣曰𣪻峝曰海晏皆屬新寧縣曰雙恩屬陽江縣曰鹹水曰淡水皆屬歸善縣曰招收屬潮陽縣曰小江屬饒平澄海二縣今黃田併入東莞鹹水併入淡水止十二塲海北提舉領十五塲曰白沙曰白石曰西鹽白皮曰官寨丹兜皆屬合浦縣曰蠶村曰調樓皆屬遂溪縣曰武郎屬海康縣曰

博茂屬電白縣曰茂暉屬吳川縣此海北九場也餘海南六場皆屬瓊州又海豐縣有石橋場見冊惠來縣有隆井場見志則初制所無也其歲額有出之竈戶者有出之水客者有出之商人者在場煑鹽者爲竈戶有日辦三斤夜辦四兩之課赴場買鹽者爲水客有生鹽熟鹽抽價之課從客受鹽而行之贑吉南安諸府者爲商人有正鹽餘鹽納引之課竈戶之課徵之兩提舉司

水客之課榷之神安斗口諸埠商人之課收之洽涯廠廣濟太平二橋軍國之需頗賴以濟

國朝仍明之舊元年遷界諸場多在界外仍許竈戶單身出界熬鹽然虧課甚多三年後無徵鹽課八萬四千五百八十三兩有奇略居原額之半展界後漸增二十一年尚缺七千七百九十一兩有奇未入題奏乃各場地名多與遷界相出入附志于此備參攷焉